Individualisierung

Campus Einführungen

Herausgegeben von
Thorsten Bonacker (Marburg)
Hans-Martin Lohmann (Heidelberg)

Matthias Junge, Dr. phil. habil., geboren 1960, ist Oberassistent am Lehrstuhl »Allgemeine Soziologie« der TU Chemnitz.

Die Deutsche Bibliothek

Ein Titeldatensatz für die
Der Deutschen Bibliothe
ISBN 3-593-37025-5

© 2002 Campus Verlag
Umschlaggestaltung: Gu
Satz: TypoForum GmbH
Druck und Bindung: Dr
Gedruckt auf säurefreie
Printed in Germany

Besuchen Sie

Inhalt

1 Einleitung

In den gegenwärtigen hochentwickelten Gesellschaften wird das soziale Leben der Menschen durch Individualisierungsprozesse beeinflusst. **Individualisierung** bedeutet, dass das Individuum zentraler Bezugspunkt für sich selbst und die Gesellschaft wird. Oder anders: »Der oder die einzelne selbst wird zur lebensweltlichen Reproduktionseinheit des Sozialen.« (Beck 1986, S. 209) Was ist damit gemeint? Beide Definitionen betonen, dass das Individuum zum Gestalter der sozialen Realität wird. Überspitzt formuliert: Die Ausgestaltung der Gesellschaft und der Formen des Zusammenlebens sind Ausdruck der eigenständigen Wahlentscheidungen der Handelnden. Aber nicht nur. Denn die Konsequenzen freier Entscheidungen bilden zugleich neue Bedingungen für das weitere Handeln, schränken also zukünftige Wahlmöglichkeiten ein. Individualisierung erweitert *und* begrenzt Handlungsmöglichkeiten der Individuen.

Diese Veränderungen zeigen sich am Übergang von **Uniformität** zur **Vielfalt** von Lebensformen. Beispielsweise war bis in die 50er Jahre hinein in der Bundesrepublik die bürgerliche Kleinfamilie die dominierende Lebensform. Wenngleich auch heute noch die Ehe mit Kindern die häufigste

Lebensform ist, so haben sich doch zugleich vielfältige Alternativen zu ihr entwickelt: nichteheliche Lebensgemeinschaften, gleichgeschlechtliche Paare, das Leben als Single, Alleinerziehende, Partnerschaften mit getrennten Wohnsitzen. Diese Vielfalt ist sowohl durch freie Entscheidungen wie auch durch äußere Umstände entstanden. Als Alternativen zur bürgerlichen Kleinfamilie sind sie im Zeitalter der Individualisierung für viele Menschen attraktiv, weil sie mehr Raum für die Entfaltung eigener Vorstellungen über das Zusammenleben lassen.

Während sich Lebensformen pluralisierten, hat sich der Lebensverlauf flexibilisiert. Sichtbar wird dies vor allem im Zusammenhang von Bildungsprozessen und Erwerbsarbeit. Heute ist Ausbildung meist kein abschließbarer Prozess mehr, zu Recht wird stattdessen von der Bedeutung lebenslangen Lernens gesprochen. Bildung ist eine Daueraufgabe geworden. Das bedeutet aber, dass sich Phasen der Erwerbstätigkeit und Phasen der Weiterbildung abwechseln können. Wer will, der kann auch noch in der Lebensmitte das Abitur auf einer Abendschule nachholen und möglicherweise im Anschluss daran studieren, um sich ein anderes Arbeitsfeld zu eröffnen. Auch die Arbeitswelt hat diese Entwicklung aufgegriffen: Jobsharing, eine besondere Form der Teilzeitarbeit, bei der sich zwei oder mehrere Beschäftigte einen Arbeitsplatz mit vereinbarten Anwesenheitszeiten teilen, ist nicht mehr unüblich. Es verhilft ähnlich wie das Sabbat-Jahr – eine längerfristige Ruhezeit im Arbeitsverhältnis, die mittlerweile von vielen für eine Weltreise, das Schreiben eines Buches oder die Verwirklichung anderer Lebensträume geutzt wird – zur Flexibilisierung lebenslaufspezifischer und anderer Entscheidungen. Die insgesamt gewonnene Freiheit in der Abfolge von Lebensereignissen im Lebensverlauf verändert die Vorstellungen über einen Normallebenslauf. Er wird nun als Ergebnis von vielfältigen und bewussten Entscheidungen des Individuums aufgefasst.

Als soziologischer Begriff ist Individualisierung ein Versuch, eine pointierte Zeitdiagnose zu geben. Als Gegenwartsbild ist Individualisierung ein populäres und zugleich auch umstrittenes Schlagwort der öffentlichen, der wissenschaftlichen und auch der privaten Diskussion über die gesellschaftliche Entwicklung geworden. Diese Diskussionen entfachten eine intensive Suche nach empirischen Belegen, für und wider die These der Individualisierung. Vor allem aber regt die Individualisierung der Gesellschaft zum Nachdenken über zwei grundsätzliche Fragen an: In welcher Gesellschaft leben wir? In welcher Gesellschaft wollen wir leben?

Will man die mit dem Begriff Individualisierung umschriebene soziale Realität systematisch darstellen, muss man zunächst einen Eindruck von der Vielfältigkeit der Individualisierung vermitteln. Denn bereits die Rede von »der« Individualisierung ist eine sprachliche Vereinfachung, es geht vielmehr um eine Vielzahl von **Individualisierungsprozessen** und **-diagnosen**. Letztere unterscheiden sich in ihrer inhaltlichen Konkretisierung und in den Arbeitsbereichen, in denen sie zur Anwendung kommen. Gemeinsam ist ihnen jedoch, dass sie unter Individualisierung im Allgemeinen eine zunehmende Bedeutung des Individuums für den Vergesellschaftungsprozess verstehen. Der Einzelne gilt nicht mehr nur als eine Adresse in Kommunikationsprozessen. Vielmehr wird das Individuum nun vor allem als Gestalter seiner sozialen Welt gesehen. Die Autonomie des Einzelnen rückt in den Mittelpunkt der Aufmerksamkeit. Geht man von autonomen Individuen aus, dann zeigt sich die Brisanz der oben gestellten Frage nach der Gesellschaft, in der wir leben wollen, denn die unterschiedlichen Vorstellungen müssen gesellschaftlich und politisch ausgehandelt werden.

Individualisierung ist ein vielschichtiges Thema. So hat der gesellschaftliche Prozess der Individualisierung eine **Geschichte**, die sich bis ins Mittelalter zurückverfolgen lässt. Ihre Kenntnis ist notwendig, um einen Eindruck von der Besonderheit des gegenwärtigen Individualisierungsprozesses zu gewinnen. Dieser kann nur vor der Kontrastfolie früherer historischer Individualisierungsschübe verstanden werden. Dies bedeutet, sich zu vergegenwärtigen, dass es in der Geschichte vielfältige Prozesse gegeben hat, die als Individualisierungsprozesse verstanden werden und die Voraussetzung für die gegenwärtigen Entwicklungen sind. Eine solche historische Einordnung verhindert, dass man im gegenwärtigen Geschehen eine historische Neuheit ohne Vorläufer sieht, und ermöglicht ein genaueres Verständnis gegenwärtiger Individualisierungsprozesse.

Als geschichtlicher Prozess kann Individualisierung auch als das Ergebnis eines allgemeinen Modernisierungsprozesses verstanden werden. **Modernisierung** bezeichnet eine spezifische Form des Wandels, die zumeist als Einheit von Industrialisierung, Bürokratisierung, Urbanisierung, Demokratisierung und zunehmender sozialer Mobilität beschrieben wird. In diesem Bündel von Prozessen ist Individualisierung ein Teilprozess, weil das Individuum nun soziale Bedeutung erlangt. Das heißt zugleich, dass das Individuum selbst Produkt gesellschaftlichen Wandels ist.

Bereits die Klassiker der Soziologie, Emile Durkheim,

Max Weber und Georg Simmel, beschrieben das Individuum und den Individualisierungsprozess als Ergebnisse gesellschaftlicher Entwicklung. Die Grundannahme ihrer Überlegungen war, dass Modernisierungsprozesse mit einer Autonomisierung des Individuums verbunden sind. Emile Durkheim (1893) beschrieb dies als zunehmende Individualisierung im Zuge der Entwicklung gesellschaftlicher Arbeitsteilung, Max Weber (1920) als voranschreitende rationale Durchdringung der Welt und Georg Simmel (1900) als eine beständige Vermehrung von Chancen zur Ausbildung eines eigenen Lebensstils.

Heute geht man über diese klassischen Thesen zur Modernisierung hinaus. Der Modernisierungsprozess erscheint nicht mehr länger als ein automatischer Prozess, der, einmal begonnen, beständig weiterläuft. Vermutet wird vielmehr, dass dieser Prozess nun seinerseits modernisiert wird, indem er auf sich selber zurückwirkt, also reflexiv wird. Der Individualisierung kommt dabei eine besondere Funktion zu, weil das Individuum als treibende Kraft im Prozess der **reflexiven Modernisierung** gilt. Werden von den Individuen die in der Moderne entwickelten Standards der autonomen und vernünftigen Gestaltung sozialer und individueller Lebensverhältnisse eingefordert, so werden auch die bislang unreflektiert hingenommenen noch verbliebenen traditionalen Elemente im Modernisierungsprozess weggeschmolzen.

Die gesellschaftliche Diskussion dreht sich deshalb nun verstärkt um die Folgen der Modernisierung. Es entsteht die Frage: Welche Modernisierungsfolgen sind akzeptabel, welche nicht? Vor allem in der Debatte um den Umweltschutz ist diese Problematik aufgegriffen worden. Politisch konkretisiert sich dies im Streit um den Atomausstieg, die Öko-

Steuer oder die Konsequenzen der BSE-Krise für die Zukunft des Agrarsektors. Ausgangspunkt ist dabei die Einsicht, dass ein Fortschreiben der Modernisierung gravierende Risiken mit sich bringt. Angenommen wird, dass diese Entwicklungsprozesse beeinflusst werden können, die befürchteten Konsequenzen also nicht notwendig eintreten müssen, weil ein anderer Modernisierungsweg gewählt werden könnte. Streitpunkt der gesellschaftlichen Auseinandersetzung ist auch hier wieder die Frage: In welcher Gesellschaft (und Umwelt) wollen wir leben?

Individualisierung kann einerseits als Hoffnung verstanden werden, weil damit die Idee einer Befreiung des Individuums aus sozialen Zwängen verbunden ist. In diesem Sinne scheint Individualisierung eine Vergrößerung der Autonomiespielräume des Individuums oder, wie Ralf Dahrendorf (1979) formulierte, eine Vermehrung der Optionen, der Handlungsmöglichkeiten in Aussicht zu stellen. Individualisierung kann eine Chance darstellen, wenn das Individuum die Aufforderung, eigenständige Entscheidungen zu treffen, als Gewinn für die Realisierung seiner Autonomie begreift. Sie verheißt die Befreiung aus Traditionen, Routinen und Üblichkeiten. Stattdessen wird der eigene Weg gesucht und beschritten. Das bedeutet beispielsweise freie Berufswahl, spätere berufliche Umorientierung, möglicherweise mehrfache Wechsel der Lebensform zum Beispiel von der Ehe zum Singleleben, Veränderungen der Konsumgewohnheiten, kurz: Das Individuum gestaltet sein Leben ganz nach eigenen Vorstellungen.

Gleichzeitig kann sich der Prozess aber auch als eine Bürde für die Individuen erweisen, die nicht in der Lage oder bereit sind, sich mit den vielfältigen Optionen auseinander zu setzen. Dann ist Individualisierung eine Last, ein Zwang zu eigenständigen Entscheidungen. In den Vordergrund der Einschätzung rückt, was der Existenzialismus als Verurteilung zur Freiheit kennzeichnet: Das Individuum muss entscheiden. Jeder muss eine Wahl treffen, sich festlegen, sich binden, sich verpflichten, und sei es nur auf bestimmte Zeit. Damit ist jeder selbst verantwortlich für das, was geschieht, hat sich also selbst zu verantworten. Das ist eine Herausforderung für jeden Menschen. Insbesondere, weil die Konsequenzen von Entscheidungen oft nicht sicher abgeschätzt und viele Entscheidungen nicht rückgängig gemacht werden können. Soziologisch gesehen stellen sich im Alltag beständig Entscheidungssituationen: Berufswahl, Lebensstilpräferenzen, die Wahl einer Lebensform, Erziehungsfragen, Geschmacksfragen, Konsumentscheidungen. Wenn äußere Anhaltspunkte – Normen und Institutionen – für diese Entscheidungen fehlen oder ihre Verbindlichkeit sinkt, dann muss das Individuum sich selbst zum Anhaltspunkt werden. Damit trägt es aber auch die Risiken der Entscheidung, deren Konsequenzen es sich selber zurechnen wird. Das ist nicht immer verlockend.

Individualisierung wird demnach von den Individuen zugleich als Bürde und Chance erfahren und aufgefasst. Es geht im Einzelfall immer um die konkrete Balance zwischen beiden. Dies gilt insbesondere, wenn berücksichtigt wird, dass Erfahrungsurteile und Einschätzungen sich im Zeitverlauf verändern können: Was heute eine Bürde ist, das kann morgen bereits als eine Chance erscheinen und umgekehrt.

Individualisierung im geschichtlichen Verlauf zu verstehen, bedeutet schließlich auch, sich vor Augen zu führen, dass das Individuum als eine bedeutsame Adresse in Kommunikationsprozessen eine relativ junge **kulturelle Erfindung** ist. Sicher, das Individuum als Einzelwesen hat es in allen Gesellschaften gegeben. Aber dass dem Individuum Bedeutung, Einfluss und Wirkmächtigkeit in der Gesellschaft zugeschrieben werden – abgesehen von mächtigen Herrschern –, das ist eine verhältnismäßig späte Entwicklung. Sie setzt unter anderem voraus, dass zwischen dem Individuum und der Gesellschaft unterschieden werden kann.

Man kann schematisch moderne Gesellschaften und traditionale Gesellschaften einander gegenüberstellen. Für **traditionale Gesellschaften** gilt dann allgemein, dass das Individuum dort über seine Zugehörigkeit zu einer Gruppe definiert wird und als autonomes Individuum nur eine marginale Rolle spielt. Es wird als Teil eines Ganzen begriffen, und in der Wahrnehmung rückt dieses Ganze in den Vordergrund. In diesem Sinne existiert in traditionalen Gesellschaften zwar eine Kommunikationsadresse Individuum, ihr wird aber weder sozial noch kulturell entscheidende Bedeutsamkeit zugesprochen. Dies ist in **modernen Gesellschaften** anders. Dort ist das Individuum nicht nur eine Adresse in Kommunikationsprozessen. Vielmehr wird ihm und seinen Handlungen nun Bedeutung für die konkrete Gestalt der Gesellschaft zugeschrieben. Das ist eine Voraussetzung dafür, dass soziale Bewegungen, etwa die Arbeiterbewegungen, zu einflussreichen Akteuren der Gesellschaftsgestaltung werden konnten.

Die Geschichtlichkeit des Individuums wird in Theorien eingefangen, die ihrerseits eine Geschichte aufweisen. Individualisierung als soziologischer Begriff hat eine **Theoriegeschichte**. Bereits die Klassiker der Soziologie, unter anderem Karl Marx, Emile Durkheim, Georg Simmel und Max

Weber, benutzten diesen Begriff, um ihre damaligen Zeitdiagnosen auf den Punkt zu bringen. Eine Skizze dieses theoriegeschichtlichen Hintergrunds ist nötig, um einen Eindruck von der beständigen Veränderung der Bedeutung von Individualisierung im soziologischen Diskurs zu gewinnen. Denn dadurch, dass die Beschäftigung mit dem Phänomen eine eigene Geschichte hat, wird die Diskussion erschwert, sofern nicht hinreichend genau unterschieden wird, welcher Begriffsgebrauch gerade vorliegt. Bereits die gegenwärtigen Autoren verstehen unter Individualisierung sehr unterschiedliche Phänomene und Prozesse. Die Vielfalt von Individualisierungsbegriffen wächst, wenn man klassische Begriffsfassungen hinzunimmt: Arbeitsmarktindividualisierung bei Karl Marx, Individualisierung von und durch Lebensstile bei Georg Simmel, Individualisierung als Folge gesellschaftlicher Arbeitsteilung bei Emile Durkheim. Bislang ist es nicht gelungen, diese Vielfalt zu systematisieren. Daran haben auch mehrfache Versuche, unter anderem von Susanne Kraft (1992), Nicola Ebers (1995), Flavia Kippele (1998) und Markus Schroer (2001), den Individualisierungsbegriff zu präzisieren oder die Diskussion zu systematisieren, nichts geändert.

Das Individualisierungskonzept hat auch eine öffentliche **Wirkungsgeschichte**. Der Begriff wurde in der Öffentlichkeit sehr schnell aufgenommen. Er wurde zum Schlagwort des öffentlichen und privaten Diskurses, weil es eine offensichtliche Verunsicherung über die zeitdiagnostische Beschreibung der Gesellschaft gab, die sich in der Verwendung des schillernden Begriffs ausdrücken konnte. Der Individualisierungsbegriff wurde zu einem Aufhänger für vielfältige Diskurse, weil er zur Reflexion und Klärung der eigenen

Situation aufrief. Zudem schien er zur Erfahrung der Individuen zu passen, dass sich die gesellschaftlichen Verhältnisse rasch wandelten, ohne noch mit bekannten Begrifflichkeiten deutbar zu sein. Man darf auch nicht vergessen, dass das Konzept der Individualisierung im zeitgeschichtlichen Kontext der Reaktorkatastrophe von Tschernobyl populär wurde. Dieses Zusammenfallen machte den Begriff der Risikogesellschaft (Beck 1986) zu einem Leitbegriff, in dem das Konzept der Individualisierung mitgeführt werden konnte und zur gestiegenen öffentlichen Aufmerksamkeit für beide Konzepte beitrug. Auf diese Weise ist der Begriff der Individualisierung in das Standardvokabular der politischen Öffentlichkeit und in das kulturelle Selbstverständnis der Bundesrepublik eingesickert und kann damit als ein Beispiel für die Verwendung soziologischen Wissens im Alltag angesehen werden. Dort wird es aus seinem wissenschaftlichen Kontext herausgelöst und einer anderen Verwendungsweise zugeführt, die wiederum den weiteren Vergesellschaftungsprozess mitprägt.

Die **Bewertung** von Individualisierungsprozessen schließlich ist ambivalent, sowohl aus Sicht der Soziologie und anderer Wissenschaften als auch aus Sicht der Gesellschaft selbst und der Einzelnen. Dabei gibt es eine normative und eine empirische Betrachtung des Phänomens der Individualisierung. Normativ gesehen wird die Entwicklung zu einer individualisierten Gesellschaft von einigen Beobachtern begrüßt und als Chance begriffen, von anderen aber als Verlust bedauert – als Verlust von Werten, sozialen Bindungen oder gesellschaftlichem Zusammenhalt. Doch ist fraglich, ob die These von der Individualisierung überhaupt empirisch nachzuweisen ist. Hier lassen sich sowohl Belege und Befunde anführen, die für eine Individualisierung sprechen, als auch solche, die dieser These entgegenstehen. Dies hängt vor allem damit zusammen, dass Individualisierung die Gleichzeitigkeit des Ungleichzeitigen bedeutet: Die Gesellschaft befindet sich in einer Transformationsphase, in der gleichzeitig alte und neue soziale Formen nebeneinander existieren. Die Ambivalenz in der Bewertung von Individualisierung spiegelt also die Ambivalenz der sozialen Entwicklungen wider.

Die Ambivalenz der Einschätzung in empirischer Hinsicht ergibt sich jedoch auch aus einer grundsätzlichen Problematik des Zusammenhanges von Daten, Methode und Theorie. Die Soziologie als eine Wirklichkeitswissenschaft konzentriert sich darauf, ihre Aussagen mit Daten zu unterstützen. Zwischen Theorie und Daten wird normalerweise über Methoden eine Verbindung hergestellt. Methodisch abgesicherte Datengewinnung dient zur Fundierung von Urteilen über theoretisch gewonnene Hypothesen. Aber auch Daten und ihre methodische Erzeugungsweise ebnen keinen sicheren Weg zur Beurteilung von Hypothesen oder Theorien. Dies gilt auch für die Einschätzung der empirischen Plausibilität von Individualisierungstendenzen. Wenn man etwa im Bereich der Familienforschung Individualisierung als eine Zunahme der Vielfalt von Lebensformen versteht, dann spricht die Vergrößerung der Anzahl der Lebensformen für Individualisierungsprozesse. Wenn jedoch Individualisierung meint, dass sich die Verteilung der Häufigkeit verschiedener Lebensformen verändert, so ist nur eine geringe Individualisierungstendenz erkennbar (vgl. Huinink/ Wagner 1998).

Insgesamt resultiert diese Problematik daraus, dass empirisch erhobene Daten immer auch *theorieimprägnierte*

Daten sind, dass heißt Daten, die geprägt sind durch ein theoretisches Vorverständnis, welches der Datenerzeugung zugrunde liegt. Je nach dem Vorverständnis von Individualisierung entsteht ein anderes Bild. Durch spezifische methodische Vorgehensweisen werden unterschiedliche »Wirklichkeiten« hergestellt. Dies verweist darauf, dass auch statistische Untersuchungen keinen endgültigen Aufschluss über das Zutreffen oder das Nichtzutreffen der Diagnose einer Individualisierung geben können.

Letztendlich beinhaltet Individualisierung als Prozess auch ein **Versprechen**. Mit dem Individualisierungsprozess geht die Hoffnung auf eine Aufklärung des Menschen über sich selbst einher. Der Begriff entfaltet ein utopisches Potenzial, indem er auf eine Gesellschaft verweist, die die Individuen gemäß ihren eigenen Wünschen gestalten können. In diesem Sinne löst der Individualisierungsprozess das Emanzipationsversprechen der Aufklärung scheinbar ein und öffnet die Perspektive auf eine autonome Gestaltung gesellschaftlicher Zusammenhänge durch die Individuen. Marx formulierte im 18. Brumaire des Louis Bonaparte: »Die Menschen machen ihre eigene Geschichte, aber sie machen sie nicht aus freien Stücken, nicht unter selbstgewählten, sondern unter unmittelbar vorgefundenen, gegebenen und überlieferten Umständen.« (Marx 1852, S. 34) Das implizite Versprechen der Individualisierung ist heute, dass der Mensch sich aus diesen Umständen befreien und in eigener Regie, nach eigener Reflexion und eigenem Wunsch seine gesellschaftlichen Verhältnisse gestalten kann.

Aber angesichts dieses Versprechens darf man nicht vergessen, dass Individualisierung nicht nur Möglichkeiten eröffnet. Vielmehr sind damit auch neue Zwänge, Restriktionen und Abhängigkeiten verbunden. Denn auch das selbstbestimmte Handeln der Individuen erzeugt Strukturen, die ihm später als eigenständige gegenübertreten. Entscheidungen führen zum Ausschluss anderer Möglichkeiten und bilden eine eigene Struktur aus, die für spätere Entscheidungen eine Abhängigkeit von den vorhergegangenen erzeugen.

Individualisierung ist, das zeigt diese erste Annäherung, ein vielfältiger Begriff mit einer kaum noch überschaubaren Menge unterschiedlicher Verwendungsweisen. Die Vielzahl der Begriffsbestimmungen kann zu einem scheinbar undurchdringlichen Begriffsgewirr führen, das eine Verständigung auf einer einheitlichen Basis unmöglich zu machen scheint. Beständig wird der Zwang erzeugt, sich über den gerade verwendeten Begriffsgebrauch zu einigen, um eine gemeinsame Verständigungsgrundlage herzustellen. Dies ist ein Nachteil einer vielfältigen Begriffsverwendung, denn mit dem bezeichneten Phänomen kann je nach verwendeter Begriffsfassung Unterschiedliches gemeint sein, und entsprechend gilt dies für theoretische Erklärungsmodelle.

Aber diese Vielfältigkeit ist auch eine Möglichkeit. Denn jede Begriffsbestimmung öffnet eine spezifische Perspektive auf die soziale Realität. Wenn man diese Perspektivenvielfalt nutzen kann, dann erhält man eine reichhaltige Bilderpluralität. Sie kann helfen, das Ganze der Individualisierung besser zu erfassen als der Rückgriff auf nur eine Perspektive. Diese Chance liegt als Gliederungsprinzip dieser Einführung zugrunde. Sie benutzt die Perspektivenvielfalt, um in unterschiedliche Facetten der Individualisierung einzuführen und einen Gesamteindruck zu vermitteln, der sich nur über die Darstellung verschiedener Einzelphänomene unter Verwendung verschiedener Zugangswege erschließt.

2 Das Phänomen Individualisierung

2.1 Problembereiche und Dimensionen von Individualisierung

Wie kann das Phänomen der Individualisierung nun strukturiert dargestellt werden? Eine Möglichkeit besteht darin, seine Auswirkungen in einzelnen gesellschaftlichen Problembereichen als Gliederungsprinzip zu verwenden. Jenseits der historischen Verortung, die das nachfolgende Kapitel leisten wird, ist eine Konzentration auf thematische Felder der Diskussion angebracht.

Daneben ist aber noch eine weitere Unterscheidung nötig. Monika Wohlrab-Sahr (1997) hat vorgeschlagen, Dimensionen des Individualisierungsprozesses voneinander zu trennen und zwischen Individualisierung als **strukturellem** und als **kulturellem** Phänomen zu differenzieren. Im Rahmen einer Diskussion des strukturellen Phänomens werden Veränderungen in den objektiven sozialstrukturellen Gegebenheiten gekennzeichnet, beispielsweise die nachlassende Bedeutung von Klassen und eine zunehmende Arbeitsmarktindividualisierung. Von diesem Zugang ist die Diskussion um das kulturelle Phänomen zu unterscheiden. Darin bezeichnet Individualisierung eine Form der Zuschreibung, das heißt die alltagsweltliche Annahme, dass das Individuum für das, was geschieht, verantwortlich ist. Die Individuen beschreiben sich immer mehr als die entscheidende Quelle ihrer persönlichen wie auch der gesellschaftlichen Veränderungen.

Die Darstellung der bereichsspezifischen Individualisierungsbegriffe wird entlang dieser beiden Dimensionen erfolgen. Die sozialstrukturelle Dimension versteht Individualisierung als Resultat gesellschaftlicher Differenzierungs- und Modernisierungsprozesse. Mit dieser Perspektive rücken die Ursachen von Individualisierung in den Mittelpunkt. Anders die kulturelle Sichtweise. In ihr geht es vor allem darum, zu beschreiben, wie wir heute die Bedeutung des Individuums in der Gesellschaft sehen. Rekonstruiert wird die kulturelle Form der Selbstbeschreibung des Individuums.

Den »Fahrplan« dieser Einführung und die ausgewählten Problembereiche der Darstellung bildet das Schema der Tabelle 1 auf der folgenden Seite ab.

Die Gliederung folgt zuerst einer Unterteilung der einleitend eingeführten allgemeinen Definition von Individualisierung in einzelnen gesellschaftlichen Problembereichen. Für diese Einführung wurden vier Felder ausgewählt, in denen Individualisierung eine besondere Rolle spielt. Diese sind: Die Phänomene sozialstruktureller Individualisierung, der Zusammenhang von Lebenslauf, privater Lebensführung und Identität, das Problem der Solidarität unter den Bedingungen von Individualisierung sowie das Thema des Wandels des Politischen.

In diesen vier Bereichen werden Individualisierungspro-

Kapitel	Gesellschaftlicher Problembereich	Klassische Individualisierungsbegriffe	Moderne Individualisierungsbegriffe	Dimensionen
3.1	Sozialstrukturelle Individualisierung	Marx; Weber	Beck	strukturell/kulturell
3.2	Lebenslauf, private Lebensführung und Identität	Simmel	Kohli; Schimank	strukturell/kulturell
3.3	Solidarität	Durkheim	Etzioni; Klages	strukturell/kulturell
3.4	Politik		Giddens; Hitzler	strukturell/kulturell

Tabelle 1: Problembereiche und Dimensionen der Individualisierung

zesse gut sichtbar und lassen sich mit alltäglichen Erfahrungen verknüpfen. Überdies werden in diesen Feldern besonders häufig wissenschaftliche und öffentliche Debatten um die (normative und empirische) Bewertung der Individualisierung geführt. Anhand der vier genannten Bereiche des gesellschaftlichen Lebens – in denen die Gleichzeitigkeit des Ungleichzeitigen besonders deutlich ausgeprägt ist – lässt sich zeigen, dass Individualisierung sowohl neue Gestaltungsspielräume als auch neue Abhängigkeiten erzeugt.

Die **sozialstrukturelle Individualisierung** zeigt sich am Beispiel des Übergangs von einer Ungleichheitsstruktur, die über Klassenzugehörigkeit angemessen beschrieben werden konnte, zu einer Form sozialer Ungleichheit, die mit den Begriffen des Lebensstils und des Milieus adäquater zu erfassen ist. In diesem Bereich gilt die Vergesellschaftung durch

Arbeit als der zentrale Motor von Individualisierungsprozessen. Diese Vermutung wird mit der These verbunden, dass zugleich ein Wandel kategorialer Muster der kulturellen Selbstbeschreibung stattfindet. Das ist bedeutsam, weil sie die Orientierungsraster des Individuums in grundlegender Weise verändert. Denn sich in Klassen zu verorten hat andere Handlungskonsequenzen als sich einer Schicht, einem Stand oder einem Milieu zuzuordnen.

Eine von diesen Veränderungsprozessen betroffene gesellschaftliche Großorganisation sind die Gewerkschaften. Lange Zeit waren sie eine wirkungsvolle Vertretung von Arbeitnehmerinteressen mit einem großen Mitgliederstamm. In ihnen konnte sich ein traditionelles Arbeiterbewusstsein artikulieren, welches sich in Auseinandersetzung mit der Klassenlage bildete. Die allgemeine gesellschaftliche Wohlstandssteigerung seit den 60er Jahren führte jedoch dazu, dass auch die Arbeiterschaft in den Genuss steigender gesellschaftlicher Produktivität einbezogen und damit das Bewusstsein geschwächt wurde, zur Arbeiterklasse zu gehören. Diese Veränderung ging an den Gewerkschaften nicht spurlos vorbei. Die sinkende Bedeutung eines Arbeiter- oder Klassenbewusstseins schlägt sich seit 1991 in sinkenden Mitgliederzahlen und einem rückläufigen gewerkschaftlichen Organisationsgrad nieder. Gab es 1991 noch insgesamt über 13,7 Millionen Gewerkschaftsmitglieder, so waren es 1998 nur noch etwas mehr als 10 Millionen. Im selben Maße ging auch der gewerkschaftliche Organisationsgrad von 41,5 Prozent 1991 auf 32,2 Prozent 1998 zurück (Wiesenthal 2001, S. 344).

Das Individuum findet und entfaltet seine **Identität** unter anderem entlang der Ordnung des Lebenslaufs und dessen

Interpretation als Biographie sowie seiner privaten Lebensführung. Wird das Individuum in Begriffen des **Lebenslaufs** beschrieben, so wird die strukturelle Dimension der Ordnung des Lebens in den Vordergrund gerückt. Sie wird vor allem durch sozialstaatliche und institutionelle Regelungen der Abfolge von Lebensereignissen und Lebensphasen – die gewohnte Dreiteilung des Lebenslaufs in Vorbereitungsphase, Erwerbsphase und (Alters-)Ruhephase – strukturiert. Auf der anderen Seite erfasst man das Individuum als kulturelle Erscheinung, wenn man den Lebenslauf als **Biographie** versteht, das heißt als eine deutende Rekonstruktion des Geschehens im Lebensverlauf aus der Perspektive des Individuums. Dann geht es um die Frage der Einordnung von Entscheidungen und Entwicklungen in eine geordnete Abfolge, die als ein kohärentes biographisches Ganzes interpretiert werden kann.

So ist etwa für Studenten das Studium einerseits eine Etappe im Lebensverlauf. Das ist aber eine nur äußerliche Beschreibung, sie sagt nichts über die Perspektive des Individuums auf sein Studieren. Diese Perspektive ist jedoch nötig, wenn man verstehen will, welchen Sinn ein Individuum dem Studium beimisst. Wie passt das Studium zur Person, welchen Stellenwert hat das Studium für die Biographie, warum wurde ein bestimmtes Studienfach gewählt, wie prägte das Studium das weitere Leben? Solche Fragen erschließen den Lebenslauf aus der Innenperspektive der Individuen und suchen die Deutung eines Lebens als einer Einheit zu rekonstruieren.

Eine besondere Bedeutung hat in diesem Zusammenhang die **private Lebensführung**. Mit ihr bezeichnet man vor allem die Wahl einer Lebensform. Sie stellt einen wichtigen

Ausdruck der Persönlichkeit dar. Im Laufe der gesellschaftlichen Entwicklung ist sie immer mehr eine individuelle Entscheidung jenseits von Konventionen geworden. Dazu hat auch beigetragen, dass die Vielfalt von Formen der Lebensführung zugenommen hat. Heute gehören unter anderem die bürgerliche Kleinfamilie, nichteheliche Lebensgemeinschaften, das Leben als Single und gleichgeschlechtliche Lebensgemeinschaften in den Kanon der Formen privater Lebensführung. In diesem Teilbereich haben sich Veränderungen ergeben, die besonders geeignet sind, um Umfang und gesellschaftliche Reichweite von Individualisierungsprozessen zu problematisieren.

Individualisierung bedeutet aber auch, dass eigene Ziele und Wünsche für das Handeln bedeutsamer werden. Wie verträgt sich dies mit der Forderung nach Gemeinsinn und **Solidarität** der Individuen untereinander? Der dritte Bereich ist dieser Frage gewidmet. Denn es wird immer wieder der Verdacht geäußert, dass Individualisierung mit Atomisierung und damit Entsolidarisierung verbunden ist. Ob dem so ist, ist eine offene Frage. Ihre Beantwortung wird dadurch erschwert, dass im Individualisierungsprozess auch neue Formen der Vergemeinschaftung und damit neue Formen der Solidarität entstehen.

Der Zusammenhang von Solidarität und Individualisierung kann exemplarisch am Thema des **freiwilligen sozialen Engagements** verdeutlicht werden. Freiwilliges Engagement kann als eine Art Kitt im sozialen Zusammenleben angesehen werden. Wie steht es um diesen Kitt? Nimmt das Engagement ab? Ist möglicherweise die soziale Solidarität gefährdet, weil die Bereitschaft zum Engagement für andere sinkt? Diesen Fragen kann anhand des »Freiwilligensurveys«, einer Studie des Bundesministeriums für Familie, Senioren, Frauen und Jugend, nachgegangen werden.

Auch im Bereich der Politik sind Veränderungsprozesse greifbar, so etwa sinkende Wahlbeteiligungen, zurückgehendes politisches Engagement in den Parteien wie auch in anderen gesellschaftlichen Großorganisationen. Solche Befunde können auf zweierlei Weise interpretiert werden. Entweder ist Politik in ihrer hergebrachten Form nicht mehr ansprechend genug für ein Engagement, oder aber das Engagement hat sich möglicherweise anderen Ausdrucksformen zugewandt, die sich neben der herkömmlichen Parteipolitik stabilisieren. Hier knüpft die Diskussion um den **Gestaltwandel des Politischen** an. In ihr geht es um die Frage, ob wir Politik noch angemessen als Politik des Staates verstehen können, oder ob wir von einer Veränderung der Form der Politik ausgehen müssen.

Veränderungen des Politischen lassen sich an der Entstehung neuer Felder oder Arenen politischen Handelns erkennen, etwa Boykottbewegungen oder Nichtregierungsorganisationen. Die kulturelle Veränderung des Politischen manifestiert sich im Wandel der Interpretation dessen, was für politisches Handeln gehalten wird. Ein Beispiel ist die jährlichen Love-Parade in Berlin. Sie wurde bis zum Jahr 2000 als politische Demonstration anerkannt, obwohl der Verdacht nicht von der Hand zu weisen ist, dass sie auch ein Happening oder Volksfest der jüngeren Generation ist.

Innerhalb dieser vier Bereiche findet sich jeweils auch eine Gegenüberstellung eines modernen Begriffs von Individualisierung mit einer historisch älteren Variante. Diese Kontrastierung soll die Vielfältigkeit von Individualisierungsbegriffen und die Geschichtlichkeit der Diskussion aufweisen.

Dabei ist die Überzeugung leitend, dass sich die verschiedenen Sichtweisen auf Individualisierung wechselseitig ergänzen können.

Die Gegenüberstellung der gegenwärtigen mit den klassischen Auffassungen von Individualisierung werden innerhalb der einzelnen Problembereiche vorgenommen. Für den Bereich der Sozialstruktur beziehungsweise für das Feld der sozialen Ungleichheit wird insbesondere die Diskussion von **Karl Marx** und **Max Weber** über Klassen und Stände mit der Weiterführung der Diskussion durch Ulrich Beck gegenübergestellt. Im Hinblick auf den Wandel des Lebenslaufs und der Individualität werden **Georg Simmels** Skizze zur Individualität und seine theoretischen Vorstellungen einer Individualisierung durch Differenzierungsprozesse mit neueren Überlegungen von Martin Kohli zur Verzeitlichung des Lebenslaufs und von Uwe Schimank zum reflexiven Subjektivismus verglichen. Die Diskussion um die Möglichkeiten von Solidarität angesichts von Individualisierung greift **Emile Durkheims** klassische Formulierung auf und setzt diese Argumentation mit neueren Diskussionen, etwa Amitai Etzionis, aus dem Bereich der kommunitaristischen Sozialtheorie in Beziehung. Im Bereich der Politik wird von dieser Darstellungsmethode eine Ausnahme gemacht. Denn in diesem Feld können die unterschiedlichen Vorstellungsweisen besser am Gegenstand, der Politik, dargestellt werden.

2.2 Eine kurze Geschichte des Individuums und der Individualisierung

Der Individualisierungsprozess kann bis ins Mittelalter zurückverfolgt werden. In verschiedenen Schüben wurden die Voraussetzungen für die Entwicklung der Idee des Individuums, der Individualität und der Identität geschaffen.

Zentrale Ideen in der Diskussion der Individualisierung sind das Individuum, die Individualität und die Identität. **Individuum** bedeutet im Lateinischen das Unteilbare. Es ist eine letzte Einheit in einem Komplex, die nicht weiter unterteilt werden kann. Diese Eigenschaft ist wichtig, weil das Individuum nur so als eine eindeutig bestimmbare Adresse, als ein Ansprechpartner in Kommunikationsprozessen verwendet werden kann. Die Unteilbarkeit wird vor allem dann wichtig, wenn soziale Differenzierungsprozesse dazu führen, dass ein Mensch in verschiedenen Rollen auftritt. Dann integriert das Individuum diese Vielfalt und bleibt dadurch als Einheit erkennbar. Das Individuum ist in diesem Sinne Garant der Zurechenbarkeit von Handlungen.

Individualität hingegen meint die Einzigartigkeit eines Individuums. Sie wird unter anderem durch die vielfältigen Beziehungen und Rollenerwartungen, in denen sich ein Mensch befindet, erzeugt. Je mehr Rollenerwartungen an einen Menschen herangetragen werden, umso einzigartiger ist ihre Kombination. Das bedeutet, je mehr soziale Differenzierung vorliegt, umso mehr Individualität kann erworben werden. Darüber hinaus wird jede Rolle durch ihre Interpretation, durch die Rollenauffassung des Rollenträgers, zu einer individualisierten Darstellung. Sowohl Rollendifferenzierung wie auch Rolleninterpretation verdichten sich zur Individualität. Sie ermöglicht die Identifizierbarkeit eines Individuums. Kurz: Individualität ist ein sozialer Fingerabdruck.

Identität bezeichnet schließlich die Sich-selbst-Gleichheit eines Individuums im Zeitverlauf. Sie ist das Wissen einer Person, dass sie trotz aller Veränderungen dieselbe bleibt (vgl. Nunner-Winkler 1985; Luhmann 1993). Voraussetzung hierfür sind Gedächtnis, Erinnerungen und die Wahrnehmung der Kontinuität des eigenen Körpers. Identität lässt sich nur schwer positiv bestimmen. Leichter ist es, sich eine Vorstellung davon zu bilden, wenn man gedankenexperimentell einzelne Voraussetzungen von Identität als nicht gegeben ansieht. Wie wichtig die Kontinuität des Körpers ist, kann man am Phänomen der Phantomschmerzen nach Amputationen erkennen. Gedächtnisverluste oder der schrittweise Abbau von Denk- und Erinnerungsfähigkeit etwa durch die Alzheimer-Krankheit werden von den Betroffenen als Identitätsverlust beschrieben, weil die einzelnen Erinnerungsfragmente nicht mehr als zusammengehörig und der Person zugehörig erfahren werden.

Individualisierungsprozesse setzen die **kulturelle Erfindung** des Individuums voraus. Erfindung meint in diesem Zusammenhang, dass die Idee des Individuums im Zuge langer historischer Prozesse schrittweise entwickelt wird. Es bedeutet aber auch, dass mit der Entstehung der Idee des Individuums eine Veränderung in der Beschreibung gesellschaftlicher Verhältnisse einsetzt. Diese können nun unter

Einbeziehung der Bedeutung der Handlungen einzelner Individuen neu dargestellt werden. Bedeutsam ist, dass das, was sich anfänglich nur als mögliche Bereicherung der Beschreibung gesellschaftlicher Verhältnisse zeigt, später zum Angelpunkt der Beschreibung wird.

Über lange Zeit hinweg galt die zeitliche Grenze zwischen dem Mittelalter und der Neuzeit als eine scharfe Scheidelinie zwischen einer Zeit ohne die Idee eines Individuums und einer Zeit, die diese Idee in ihrer kulturellen und sozialen Bedeutung entdeckte und zur Wirksamkeit brachte. Diese Auffassung wird insbesondere in der Arbeit *Die Kultur der Renaissance* von Jakob Burckhardt (1885) deutlich. Sie skizziert die Geschichte der Renaissance in Italien, rekonstruiert das kulturelle Leben in den Handelsstädten Florenz und Venedig und diskutiert die Entwicklung individualisierender Kleidungsmoden. Ebenso werden die Möglichkeiten politischen Handelns in Florenz unter Berücksichtigung der Machttheorie Niccolo Machiavellis (1469–1527) im posthum erschienenen *Der Fürst* von 1532 diskutiert und die darin verborgenen Vorstellungen vom Individuum herausgestellt. In der Auseinandersetzung mit dem Werk Burckhardts, das für die Erforschung der Idee des Individuums und der Individualität bahnbrechend war, ergaben sich zunehmend häufiger Befunde, die die scharfe Grenzziehung zwischen Mittelalter und Neuzeit durchlöcherten. Sie führten letztlich dazu, dass der Beginn der Entwicklung einer Individualitätssemantik und das Aufkommen der Idee des Individuums nicht mehr in der Renaissance, sondern wesentlich früher datiert werden (vgl. Bayer 1976).

Ein erster auffallender Hinweis auf eine frühere Entstehung der Idee des Individuums und der Individualität ist, dass die Selbstdarstellung anhand von **autobiographischen Reflexionen** bereits in der Spätantike ein Gegenstand der Literatur war. Zu nennen ist hier vor allem die Schrift *Confessiones*, die *Bekenntnisse* des Kirchenlehrers Aurelius Augustinus (354–430). Sie stellen eine frühe Form der Selbstthematisierung dar (vgl. Hahn 1988). In den *Bekenntnissen* beschreibt Augustinus seinen Lebensweg und seine damit verbundene innere Veränderung als Person. Die Darstellung ist geprägt von der Introspektion, der Selbsterforschung der Lebensgeschichte. Die *Bekenntnisse* wurden in den verschiedenen historischen Epochen als Autobiographie, als quasi psychologische Selbstdarstellung einer gläubigen Seele oder als literarisches Zeugnis einer religiösen Bekehrung verstanden. Geeint werden diese Interpretationen durch die Annahme, dass mit den *Bekenntnissen* ein erstes Zeugnis für die kulturelle Bedeutsamkeit des Individuums vorliegt. Denn ohne diese hätte das Werk kaum über Jahrhunderte hinweg nicht nur Theologen und Philosophen, sondern auch Dichter, Mönche, Mystiker und Suchende zu immer neuer Lektüre geführt.

Warum ist die kulturelle Erfindung des Individuums so wichtig? Hierfür lässt sich skizzenhaft ein historisches Beispiel anführen: die Entwicklung der **Vasallität** im Feudalismus. Vasallität ist eine Form der Treuebeziehung zwischen einem Lehensgeber und einem Lehensnehmer, zwischen einem Herrn und einem Vasallen (vgl. Weber 1922, S. 148–153). Diese Treuepflicht war im Lehensverhältnis wechselseitig und schloss persönliche Unterstützungsleistungen ein. Eine persönliche Vertrauensbeziehung setzt jedoch für beide Seiten ihre Wahrnehmung als individuelle Person voraus, weil sonst das Vertrauensverhältnis zwischen Lehensgeber und

Vasall nicht entstehen kann. Die kulturelle Erfindung des Individuums ermöglicht also **Berechenbarkeit** und **Zurechenbarkeit**.

Um die **Voraussetzungen** für die Entstehung der gedanklichen Figur des Individuums zu verstehen, darf man aber nicht davon ausgehen, dass es vor der kulturellen Erfindung des Individuums kein solches gab. Natürlich gab es auch davor das Individuum als Einzelmensch. Ihm wurde jedoch im Rahmen der Beschreibung kultureller oder sozialer Prozesse keine besondere Bedeutung beigemessen.

Richard van Dülmen (1997) hat eine Beschreibung der elementaren Voraussetzungen zur Entstehung der Idee des Individuums vorgelegt, die deren Wurzeln bis in das Christentum und seine Entwicklungen zurückverfolgt. Das Christentum trägt neben anderen Einflüssen vor allem zwei Elemente zur Entstehung der Idee des Individuums bei. Erstens wird die Idee der *Sündhaftigkeit* des Menschen entworfen. Diese ist an die Vorstellung einer sündhaften Einzelperson gebunden, weil die Sünde oder die Verfehlung, der Verstoß gegen religiöse Gebote, nur Einzelpersonen zugerechnet werden kann. Zweitens liefert das Christentum mit der *Taufe* und der damit verbundenen Namensgebung einen weiteren Baustein, um der Idee des Individuums eine greifbare Form zu geben. Denn erst mit der Vergabe von Namen ist die dauerhafte Bezeichnung als Einer und Einziger möglich. In dieser Hinsicht ist vor allem die sich ab 1600 entwickelnde Tradition der Kirchenbücher bedeutsam. In ihnen schlägt sich schriftlich dokumentiert die Geschichte von Individuen als Geschichte von Familiennamen nieder.

Wenn man diese beiden Elemente zusammenzieht und sie ergänzt um ihre Radikalisierung in der durch Martin Luther

(1483–1546) vorangetriebenen Reformation, dann verdichtet sich der Gedanke des Individuums weiter. Denn mit der Reformation werden die kulturellen Ideen der **Eigenverantwortlichkeit** und der **Gewissensfreiheit** des Einzelnen wichtige Bestandteile für das Selbstverständnis der Menschen. Der Protestantismus trägt damit weitere soziale Praktiken in das gesellschaftliche Leben hinein, die den Entwicklungsprozess der Entstehung des Individuums als einer sozial und kulturell bedeutsamen Größe im Vergesellschaftungsprozess stabilisiert.

Die Entwicklung von Eigenverantwortlichkeit bedeutet unter anderem, dass die Idee des Schicksals nicht mehr als Interpretationsfolie für die Deutung des Lebens herangezogen werden kann. Lange Zeit wurde das eigene Leben als Abfolge vorbestimmter Entwicklungen und Ereignisse verstanden, denen das Individuum ohne eigene Einwirkungschance unterworfen war. Dieses Denkmuster aufzubrechen setzte voraus, dass die Deutung der sozialen Realität entzaubert wird, aus ihrer Einbindung in schicksalhafte und mythologische Denkvorstellungen herausgelöst wird. Dazu ist ein Rationalisierungsprozess notwendig (vgl. Weber 1920), der die rationale Durchdringung aller Phänomene zur Folge hat. In diesem Prozess erhält auch die im Christentum angelegte Gewissensfreiheit als **Autonomie** soziale Bedeutung.

Diese Prozesse werden durch einen Disziplinierungsprozess stabilisiert. Er zeigt sich vor allem an einer »Abrichtung« des Menschen durch Zivilisationsprozesse. Diese transformieren im Zuge der Entstehung von Nationalstaaten mit Gewaltmonopol Fremd- in Selbstzwang und führen zur Herstellung von Kontrolle über die körperlichen Ausdrucksformen und Affekte der Menschen (vgl. Elias 1936). Die Ausbildung einer stabilen psychischen Struktur und kontrollierter Affekte lässt sich an der Entwicklung von Benimm- und Anstandsbüchern verfolgen, die »gute« Umgangsformen beschreiben und dadurch zu beeinflussen versuchen. Elias hat dies am Beispiel der erstmals 1530 erschienenen und bereits innerhalb von sechs Jahren 30 Auflagen erlebenden Schrift *De civilitate morum puerilium* des Erasmus von Rotterdam (1466–1536) exemplarisch demonstriert. Noch heute findet man im so genannten *Knigge* und verwandten Ratgebern Richtlinien für angemessene Umgangsformen.

Mit der Entstehung des Individuums wird zugleich eine **Individualitätssemantik** geprägt. Diese reagiert sowohl auf sich wandelnde gesellschaftliche Strukturen wie auch auf sich verändernde Selbsterfahrungen der Individuen. Die Komplexitätssteigerung gesellschaftlicher Verhältnisse wird unter anderem durch Ausdifferenzierungsprozesse von Rollen aufzufangen gesucht. Differenzierungsprozesse eröffnen die Möglichkeit zur Beschreibung eines Individuums als Individualität durch die Angabe der jeweiligen Rollenkombinationen. Die veränderte Selbsterfahrung beruht vor allem darauf, dass sich, zuerst im entstehenden Bürgertum, Individuen als Individuen verstehen lernen.

Mit der Entwicklung des Bürgertums kann noch ein weiterer Einflussfaktor, der die kulturelle Erfindung des Individuums stabilisiert, benannt werden, nämlich die Idee vom *autonomen Staatsbürger*. Seit den Anfängen der politischen Philosophie war das Verhältnis der Bürger zu ihrem Gemeinwesen eines ihrer Hauptthemen. Auch in den gesellschaftlichen Auseinandersetzungen eines aufstrebenden und nach politischer Macht suchenden Bürgertums, das sich bereits zwischen dem 11. und 13. Jahrhundert in den Städten das Recht auf kommunale Selbstverwaltung erkämpfte, zeigte sich der Wunsch nach Gestaltung des sozialen Zusammenlebens durch die Bürger. Diesem Anliegen konnte sich der Staat nicht dauerhaft widersetzen. Schließlich musste er die Autonomie seiner Staatsbürger in einer bürgerlichen Gesellschaft anerkennen – bahnbrechend ist hier die englische bürgerliche Revolution von 1688/89 und die französische Revolution von 1789 – und seine »Untertanen« in den politischen Prozess einbinden. Dies geschah schrittweise, beispielsweise mit der Einführung und allmählichen Ausweitung des Wahlrechts auf immer größere Bevölkerungskreise. In Deutschland begann dieser Prozess 1849 mit dem Dreiklassenwahlrecht – welches nach Steuerleistungen abgestufte Klassen von Wahlberechtigten bildete –, wurde mit der Durchsetzung eines allgemeinen Männerwahlrechts 1867 fortgesetzt und brachte schließlich 1918 die Einführung des Wahlrechts auch für Frauen. Die bürgerliche Gesellschaft beruht entscheidend auf der rechtlich abgesicherten Anerkennung der sozialen und politischen Bedeutung des autonomen Staatsbürgers.

Wenn man exemplarische Belege für den Prozess der Erfindung des Individuums sucht, so sind die Entwicklungen in den schönen Künsten ab dem 16. Jahrhundert von dokumentarischem Wert, vor allem die Autobiographie, das Tagebuch oder das Selbstporträt. Die **Autobiographie** ist beispielsweise für Michel Eyquem de Montaigne (1533–1592) eine Reflexion über Erfahrenes und Erlebtes, welches tiefgehenden Aufschluss über den Menschen ermöglicht. Die Aufrichtigkeit seiner Selbstreflexionen in den *Essays* von 1580 ist ein beeindruckendes Dokument für den Durchbruch der Idee der Individualität als Authentizität, der Wahrhaftigkeit der Selbstdarstellung. Ähnlich entsteht im 16. Jahrhundert die Gattung des **Tagebuchs**, eine schriftliche Form der Niederlegung von Erinnerungen, mit denen die Grundlage für einen bilanzierenden Rückblick auf Tage, Wochen, Monate oder ein ganzes Leben gelegt werden wird. Das Tagebuch findet später in der von Max Weber zitierten tagebuchförmigen Bilanzierung des Lebens von Benjamin Franklin seine auch methodische Anerkennung als Datenmaterial soziologischer Analysen.

In diesem Kontext ist auch die bildende Kunst bedeutsam: Stand der Künstler früher eher im Hintergrund des Kunstwerks, so wird die Idee des **Selbstporträts** im 16. Jahrhundert aktuell, beispielsweise Albrecht Dürers Selbstbild im Pelzrock von 1500. Autobiographie, Tagebuch und Selbstporträt zeigen, dass die Idee des Individuums weit zurückgreift und sich früh in künstlerischen Formen zu äußern beginnt, die bis heute Bestand haben (vgl. Dülmen 1997, S. 17).

Das allmähliche Entstehen der Idee des Individuums legt die Erarbeitung einer historischen Typologie von **Individualisierungsschüben** nahe. Ein erster Individualisierungsschub wird bereits mit der Tradition des Christentums ausgelöst, dort werden die Fundamente für die Entwicklung der Idee des Individuums gelegt (Dülmen 1997, S. 15). Von diesem grundlegenden Individualisierungsschub ist ein zweiter Individualisierungsschub zu unterscheiden. Er geht mit der Durchsetzung der Ohrenbeichte ab dem 13. Jahrhundert (vgl. Hahn 1988) und der Entwicklung des Protestantismus (vgl. Soeffner 1988), gekennzeichnet durch Eigenverantwortung und Gewissensfreiheit, einher und stellt die soziale Form der Individualität bereit. Diese beiden Individualisierungsschübe markieren den Beginn der sozialen Bedeutsamkeit des Individuums und der Individualität für die Entstehung und Entwicklung moderner Gesellschaften.

Diese Prozesse münden in einen dritten Individualisierungsschub, der mit der Gegenüberstellung von Individuum und Gesellschaft einsetzt. Die Verhältnisbestimmung von Individuum und Gesellschaft erfasst das Individuum als Resultat sozialer Prozesse, als komplexes Bündel vielfältiger sich aus Differenzierungsprozessen ergebender Erwartungen an eine Person. Das Individuum in diesem Sinne wird als ein **Dividuum**, als ein geteiltes Individuum verstanden (vgl. Böhringer 1985), und seine Probleme als Individuum und Individualität können als direkte Folge seiner gesellschaftlichen Konstitution als Dividuum verstanden werden.

Diese Perspektive nimmt die Erfahrung auf, dass das Individuum von der Gesellschaft geprägt erscheint. Gesellschaft wird vordringlich als ein Hindernis für die freie Entfaltung des Individuums betrachtet. Die Dynamik fortschreitender Industrialisierung, Urbanisierung und Bürokratisierung zwingt dem Individuum Anpassungsreaktionen auf, die es nicht als Herrn des Geschehens zeigen. Vor diesem Zeithorizont entwickeln Durkheim, Simmel und Weber im ausgehenden 19. und beginnenden 20. Jahrhundert wegweisende soziologische Fragestellungen und Zeitdiagnosen. Gemeinsam ist ihnen, dass vordringlich nach den Auswirkungen gesellschaftlicher Prozesse auf das Individuum gefragt wird. Im Zentrum ihrer Überlegungen steht das Subjekt als Resultat gesellschaftlicher Prozesse und Kräfte, das an der Gesellschaft leidende Individuum. Für dessen Zukunft werden besorgniserregende Prognosen wie »Anomie« (Durkheim), eine »Tragödie der Kultur« (Simmel) oder das »Gehäuse der Hörigkeit« (Weber) gestellt.

Diese Verhältnisbestimmung von Individuum und Gesellschaft wird im vierten Individualisierungsschub ab den 60er Jahren im Zuge massiver Wohlstandssteigerungen umgedreht. Die Überlegungen von Ulrich Beck und anderen stellen nun die Frage nach dem Verhältnis von Individuum und Gesellschaft anders herum. Im Gegensatz zu der Diskussion der soziologischen Klassiker gilt nun das Individuum als entscheidender Motor für Vergesellschaftungsprozesse. Das heißt, Gesellschaft erscheint nun als Resultat des Handelns von Individuen. Gefragt wird jetzt vordringlich nach den Wirkungen des Handelns der Individuen auf die Gesellschaft. Es wird zwar zur Kenntnis genommen, dass das Individuum an Vergesellschaftungsprozessen leiden kann. Aber in den Mittelpunkt des Interesses rückt der gewachsene Möglichkeitsspielraum des Individuums und damit seine Chance zur Beeinflussung und Mitgestaltung von Vergesellschaftungsprozessen.

In der Diskussion des dritten Individualisierungsschubes rückt vor allem die Erfahrung der Autonomie der gesellschaftlichen Sphäre gegenüber dem Handeln der Individuen in den Mittelpunkt der Aufmerksamkeit. Diese Perspektive wird beim Übergang vom dritten zum vierten Individualisierungsschub umgekehrt und nun die Gestaltbarkeit der Gesellschaft durch individuelles Handeln in den Vordergrund gerückt.

Diese Umkehrung der Fragerichtung reagiert auf einen Wandel der Selbstthematisierung der Individuen. Im vierten Individualisierungsschub lässt die Prägekraft gesellschaftlicher Verhältnisse nach und befreit das Individuum aus der Dominanz gesellschaftlicher Vorgaben und Normen. Das Handeln der Individuen ist dann mit der individuell zu bewältigenden Schwierigkeit verbunden, ohne Rückgriff auf die Orientierung ermöglichenden gesellschaftlichen Anforderungen Handlungsoptionen entwickeln zu müssen. Das Individuum ist also auf sich selbst zurückgeworfen. Das bedeutet aber auch, dass Individuen die Gesellschaft gestalten.

Was heißt das? Dieser Frage ist Emile Durkheim bereits am Ende des 19. Jahrhunderts nachgegangen (Durkheim 1893). Zu diesem Zweck unterscheidet er zwischen traditionalen und modernen Gesellschaften. Gesellschaften mit mechanischer Solidarität, also **traditionalen** Gesellschaften, spricht er ein starkes Kollektivbewusstsein – eine allen gemeinsame Vorstellungswelt – zu, welches für das Individuum handlungsbestimmend ist. Das Individuum erscheint hier als abhängige Größe einer Kollektivität. Hingegen wird unter den Bedingungen der organischen Solidarität, das heißt unter **modernen** arbeitsteiligen gesellschaftlichen Verhältnissen, dieses Kollektivbewusstsein schwächer und individuelle Autonomie, Flexibilität und Eigenverantwortlichkeit werden freigesetzt und zur Gestaltung der gesellschaftlichen Verhältnisse benötigt. Die Gesellschaft reproduziert sich dann durch die individuellen Beiträge im Rahmen gesellschaftlicher Arbeitsteilung. Das mündet in die Vorstellung, dass das Individuum selbst die Ursache von Vergesellschaftung ist.

Diese neue Vorstellung vom Verhältnis des Individuums zur Gesellschaft findet vor allem in sich verändernden Teilbereichen der Gesellschaft Anhaltspunkte. Zu nennen sind hier vor allem die Veränderungen der privaten Lebensführung und des Politischen. Die Pluralisierung von Formen der privaten Lebensführung macht darauf aufmerksam, das Lebensformen gewählt werden *können* – was nicht ausschließt, dass sie häufig auch gewählt werden müssen. Es gibt nicht länger ein gesellschaftsweit dominierendes Modell. Vielmehr werden in weiten Teilen der Gesellschaft Alternativen erprobt, institutionalisiert und, wie zuletzt homosexuelle Lebensgemeinschaften, rechtlich anerkannt. Im Bereich der Politik sind mit der Studentenbewegung auch neue Formen politischer Mitwirkung entstanden, die das Individuum direkt als machtvollen Gestalter seiner sozialen und politischen Welt ansprechen. Erinnert sei hier an die Zeiten der Großdemonstration um den § 218 oder die NATO-Nachrüstung, die Entstehung alternativer sozialer Bewegungen wie die AKW-Bewegung, der kurzzeitige Protest gegen die Volkszählung und die Gründung der GRÜNEN. In diesen Bewegungen und Protesten kommt ein sich verselbständigender Gestaltungswille im Hinblick auf die Gesellschaft zum Ausdruck, in der das Individuum als der Kern der Vergesellschaftung angesehen wird.

Das Wichtigste in Kürze

Das Individuum ist eine kulturelle Erfindung, die sich in langwierigen historischen Prozessen zu ihrer gegenwärtigen gesellschaftlichen Bedeutung entwickelt hat. In unterschiedlichen Individualisierungsschüben wurden die Möglichkeiten des Individuums zur Darstellung von Individualität gesellschaftlich erweitert und seine Handlungsmöglichkeiten schrittweise von Ligaturen, Begrenzungen und Restriktionen befreit. Dabei verändert sich die gesellschaftliche Position des Individuums wie auch seine Einordnung im soziologischen Denken. Gesellschaftlich gesehen wird das Individuum mit dem vierten Individualisierungsschub zum Kern, zum Motor von Vergesellschaftungsprozessen. Folglich wird das Individuum mit dem vierten Individualisierungsschub in den Mittelpunkt der soziologischen Frage nach der Konstitution von Gesellschaft gestellt.

3 Die Diagnose der Individualisierung

3.1 Sozialstrukturelle Individualisierung

Sozialstrukturellen Individualisierung besagt, dass die strukturelle Bestimmung von Lebenslagen durch Klassenzugehörigkeit oder ständische Lebensführung nach und nach schwächer wird und an ihre Stelle stärker individualisierte Bestimmungsfaktoren wie Lebensstile oder Milieus treten. Mit dieser Veränderung korrespondiert ein Nachlassen der Bedeutsamkeit struktureller Merkmale wie Klassen- oder Standeszugehörigkeit für die kulturelle Beschreibung der Lebensführung.

Wir waren es lange Zeit gewohnt, aus der Angabe von Einkommen und Bildung auf die soziale Position und die Lebensweise eines Menschen schließen zu können. Das Umgekehrte galt auch, kannte man die Lebensweise, so konnte man ziemlich verlässlich auf das Einkommen und die Bildung schließen. Der dabei unterstellte Zusammenhang zwischen sozialer Lage und Lebensweise scheint sich gegenwärtig zu lockern. Es ist nicht mehr sicher, dass zwei Individuen mit gleicher Lebensweise auch die gleiche soziale Lage teilen. Zwei langhaarige Jeansträger mit einer Vorliebe für Jazz müssen nicht mehr notwendigerweise die gleiche soziale Lage teilen, der eine könnte ein Student, der andere ein Hochschullehrer sein. Diese und ähnliche Sachverhalte werden unter dem Etikett sozialstruktureller Individualisierung erfasst.

Zweierlei ist der Beschreibung sozialstruktureller Individualisierungsprozesse vorauszuschicken: Zuerst, für das soziologische Verständnis sozialer Strukturen sind Karl Marx und Max Weber wegweisend. Zweitens ist darauf hinzuweisen, wie sich die Ungleichheitsstrukturen in den 50er und 60er Jahren veränderten und so letztlich die empirische Ausgangsbasis lieferten, um Individualisierungsprozesse in Bezug auf soziale Ungleichheiten behaupten zu können.

In den Arbeiten von **Karl Marx** geht es unter anderem darum, für moderne kapitalistische Gesellschaften die Ungleichheitsstruktur zu rekonstruieren. Er geht dabei davon aus, dass alle Ungleichheiten letztlich auf die Verfügung oder Nichtverfügung über Produktionsmittel zurückgeführt werden können. Die Bourgeoisie verfügt exklusiv über die Produktionsmittel, während das Proletariat keinerlei Verfügungsgewalt hat. Die Zugehörigkeit zur Bourgeoisie oder zum Proletariat definiert sich ausschließlich über diese Verfügungsgewalt im Rahmen bestehender Produktionsverhältnisse. Alle Menschen, die sich im selben Verhältnis zu den Produktionsmitteln befinden, gehören für Marx derselben Klasse an. Unabhängig davon wie Marx den weiteren geschichtlichen Verlauf der Zuspitzung der Klassenkonflikte skizzierte, ist festzuhalten, dass er für kapitalistische Vergesellschaftungsformen eine dichotom strukturierte **Klassentheorie** entwickelte.

Der Kern dieser Klassentheorie bezieht sich auf die durch die Verfügung über Produktionsmittel und den damit erwirtschafteten Profit eröffnete Teilhabe am gesellschaftlichen Reichtum. Klasse bezeichnet dabei zunächst eine Kategorie, aber: Kategorien handeln nicht, das bedeutet, die objektive Klassenzugehörigkeit allein motiviert noch keine Handlungen. Damit die Zugehörigkeit zu einer Klasse Handlungen, zum Beispiel den Aufbau einer Arbeiterbewegung oder den revolutionären Umsturz der gesellschaftlichen Verhältnisse, motivieren kann, muss die **Klasse-an-sich** zu einer **Klasse-für-sich** werden, zu einer sich ihrer Lage bewussten Klasse. Denn der Klassenkampf verlangt handelnde Akteure, die bereit sind, um ihre Zukunft zu kämpfen.

Um eine Klasse-an-sich in eine Klasse-für-sich zu transformieren, müssen verschiedene Bedingungen erfüllt sein. Dazu gehört nach Marx eine zunehmende Verelendung des Proletariats. Zudem ist eine starke räumliche Konzentration der Arbeiter in Städten und Fabriken eine günstige Bedingung für diesen Transformationsprozess. Daneben ist drittens die zunehmende Ausbreitung eines Solidaritätsgefühls zwischen den Proletariern notwendig. Schließlich muss viertens die Unzufriedenheit über die schlechte Klassenposition unerträglich werden und auf Veränderungen der Eigentumsordnung drängen (vgl. Hradil 1999, S. 102).

Wenn diese Bedingungen gegeben sind, dann können **Klassenkämpfe** die gesellschaftliche Entwicklung vorantreiben, weil sie auf eine Veränderung der Produktionsverhältnisse zielen. In der Phase kapitalistischer Vergesellschaftung gibt es nach Marx nur noch einen gesellschaftlichen Übergang: die Revolution. Sie bewirkt die Transformation vom Kapitalismus zum Sozialismus und später zum Kommunismus. Dann wird die Verfügung über die Produktionsmittel nicht länger durch spezifische Klasseninteressen bestimmt, sondern durch die »freie Assoziation der Produzenten«.

Die Klassentheorie als Basis der Analyse der Sozialstruktur und sozialer Ungleichheiten fand in den Sozialwissenschaften lange Zeit großen Anklang. Sie hinterlässt jedoch offene Fragen und Theorieprobleme, die schrittweise zu einer Abkehr von diesem Denkmodell führten. So lässt die dichotomisch strukturierte Klassentheorie übersehen, dass es auch Klassenpositionen gibt, die in diesem Raster nicht vorgesehen sind, wie beispielsweise leitende Angestellte oder Manager. Beide verfügen nicht über die Produktionsmittel, sie stehen aber im Dienste der Bourgeoisie und arbeiten als Agenten ihrer Interessen. Ihre Einordnung ist schwierig. Marx selber sah das Problem der sogenannten Mittelklassen, er hielt sie jedoch für Übergangserscheinungen und widmete ihnen deshalb keine besondere Aufmerksamkeit (vgl. Giddens 1984, S. 35). Ein weiteres wichtiges Merkmal der Klassentheorie besteht in ihrer Annahme über den Zusammenhang von Sein und Bewusstsein. Marx ging auf der Basis einer materialistischen Erkenntnistheorie davon aus, dass das Sein das Bewusstsein bestimmt, mit anderen Worten, dass die Klassenlage die Vorstellungen und Ideen der Individuen prägt. Bei genauerer Betrachtung zeigt sich aber, dass der von Marx vermutete enge Zusammenhang von objektiver Klassenlage und Denkweise nicht immer zutrifft.

An diese beiden Probleme schließt die weitere theoretische Entwicklung an. Diese ist vor allem mit dem Begriff des

Standes, der ständischen Ehre und einer ständischen Lebensführung verbunden. Wegweisend für diese Weiterführung ist vor allem das Werk von **Max Weber** geworden.

Auch Weber kennt wie Marx einen Klassenbegriff. Die Klassenlage ergibt sich für ihn aus der Chance auf dem freien Markt. Sie ist »Marktlage« und gebunden an die rationale Kalkulation von Interessen. Für Marx und Weber ist die Klassenlage gleichermaßen von ökonomischen Interessen bestimmt. Der Unterschied zwischen beiden Denkern wird erst mit Webers Begriff der **ständischen Lage** deutlich. Diese bildet »jede typisch wirksam in Anspruch genommene positive oder negative Privilegierung in der sozialen Schätzung« (Weber 1922, S. 179), die auf die Art der Lebensführung zurückgeht. Das Konzept der ständischen Lebensführung nimmt vor allem die kulturelle Form der Auseinandersetzung mit den objektiven Lebensbedingungen in den Blick. Sie ist insbesondere gekennzeichnet durch das einer spezifischen Lebensführung zuzuordnende Prestige und durch das Aufrechterhalten ständischer Ehrbedingungen.

Das Konzept des **Standes** unterscheidet sich von dem der Klassen vor allem dadurch, dass dieselbe Standeszugehörigkeit mit unterschiedlichen Klassenlagen vereinbar ist. »Die Klassenlage eines Offiziers, Beamten, Studenten, bestimmt durch sein Vermögen, kann ungemein verschieden sein, ohne die ständische Lebensführung zu differenzieren, da die Art der durch Erziehung geschaffenen Lebensführung in den ständisch entscheidenden Punkten die gleiche ist.« (Weber 1922, S. 180) Auch der umgekehrte Fall ist denkbar: Die gleiche Klassenlage kann mit verschiedenen Formen ständischer Lebensführung verbunden sein. Dadurch ermöglicht das Konzept der ständischen Lage Ungleichheitsanalysen in einer mehrdimensionalen Betrachtungsweise. Denn das Prinzip des Marktes und der daraus sich ergebenden Klassenlage folgt einer anderen Logik als die Zuteilung ständischer Ehre. Diese folgt einer Orientierung an »sozialer Distanzierung und Exklusivität« (Kreckel 1992, S. 62). Die Unterscheidung zweier Prinzipien bereitete den konzeptionellen Boden für die später entstehenden Schichtungstheorien. Sie folgen in dieser Hinsicht der Konzeption Max Webers und beziehen sich vor allem auf die Unterscheidung verschiedener Dimensionen sozialer Ungleichheit.

In der Gegenüberstellung des Klassenbegriffs von Marx und des Ständekonzepts Webers kommt die grundlegende Spannung zwischen Sozialstruktur und Kultur zum Ausdruck. Entweder bestimmt im Anschluss an Marx die Klassenlage die kulturellen Lebensformen, oder aber die kulturellen Ausdrucks- und Lebensformen werden im Rückgriff auf Weber als relativ unabhängig von der Klassenlage aufgefasst.

Eine zweite Entwicklungslinie des Nachdenkens über soziale Ungleichheit ist noch zu skizzieren, bevor wir uns der sozialstrukturellen Individualisierung direkt zuwenden können. Diese Entwicklung beginnt Ende der vierziger Jahre mit einer umfassenden Kritik **Theodor Geigers** (1891–1952) an einer marxistisch orientierten Klassentheorie (Geiger 1949; vgl. Geißler 1992). Seine These vom **Dahinschmelzen klassenspezifischer Merkmale** moderner Gesellschaften beruht auf folgenden Beobachtungen: Ende der vierziger Jahre war absehbar, dass der Anteil der Lohnabhängigen an der Erwerbsbevölkerung, vor allem die »neue Mittelklasse« der Angestellten, rasch zunahm. In dieser Gruppe vollzogen sich weitere soziale Differenzierungen, deren trennende Wirkung zwischen den Teilgruppen größer war als die im Rahmen der Theorie von Marx anzunehmende einigende Kraft derselben Klassenzugehörigkeit. Die von Marx prognostizierte Zunahme und Verschärfung von Klassenkonflikten trat nicht ein, weil es keine zunehmende Verelendung des Proletariats gab und das Solidaritätsgefühl unter den Proletariern nicht stärker wurde. Vielmehr führte die Entwicklung dazu, dass das Bewusstsein einer gemeinsamen Klassenposition trotz gleichbleibender relativer Position zu den Produktionsmitteln zurückging. Das Klassenbewusstsein schmolz sozusagen dahin.

In eine ähnliche Richtung argumentiert in den 50er Jahren **Helmut Schelsky** (1912–1984) mit der These von der **nivellierten Mittelstandsgesellschaft** (Schelsky 1979; vgl. Geißler 1992, S. 64). Er geht von einer beweglichen Sozialstruktur aus, die durch den Verlust von Klassenspannungen und sozialen Hierarchien gekennzeichnet ist. Vor allem führt die Entstehung des Massenkonsums zu einem verhältnismäßig einheitlichen Lebensstil, der letztlich klassenspezifische Verhaltensweisen unterläuft und zu einem tendenziell kleinbürgerlich-mittelständischen Lebensstil führt. Ausschlaggebend hierfür ist eine kulturelle Verschmelzung von Kleinbürgertum und Arbeiterschaft, die eine große homogene Masse nivellierten Mittelstands ohne bedeutende soziale und kulturelle Differenzierungen entstehen lässt.

Insgesamt rekonstruieren Schelsky wie Geiger einen **Entschichtungsvorgang,** worunter sie allerdings etwas Verschiedenes verstehen. Entschichtung heißt für Geiger, dass die prägende Kraft von Klassenkonflikten abnimmt und gleichzeitig das bislang tragende dichotomische Klassenkonzept der zunehmenden sozialen Differenzierung innerhalb der

Arbeiterschaft nicht mehr angemessen ist. Schelsky spricht von Entschichtung, um eine Angleichung der Lebensführung von Arbeiterschaft und Kleinbürgertum zu benennen, die zur Nivellierung von Differenzen und damit zum »Abbau der Bedeutung gesellschaftlicher Schichten überhaupt« (Schelsky 1953, S. 333) führt.

Die geschilderten Prozesse werden von einer in den späten fünfziger und frühen sechziger Jahren einsetzenden beispiellosen Wohlstandssteigerung begleitet. Im Rahmen dieses Prozesses verdreifachte sich, so die bahnbrechende Studie von Josef Mooser (vgl. 1983), das Realeinkommen der Arbeiter von 1870 bis 1970 – dabei fallen die größten Zuwächse in die Zeit nach 1950. Aus dieser Wohlstandssteigerung wiederum ergibt sich eine von Mooser als Demokratisierung der Konsumchance gekennzeichnete Entwicklung. Sie kann etwa am steigenden Anteil von Eigenheimbesitzern innerhalb der Gruppe der Lohnempfänger abgelesen werden. Waren etwa 1950 6 Prozent der Arbeiterfamilien Haus- und Wohnungsbesitzer, so waren es 1968 bereits 32 Prozent und 1977 schließlich 39 Prozent (vgl. Mooser 1983, S. 21). Mit der Verbesserung der materiellen Lage ging auch eine Veränderung der Muster der Lebensführung einher. So kann für die Arbeiterschaft die Entwicklung einer biographischen Perspektive auf die Lebensführung (vgl. Brock 1991) aufgezeigt werden, die zu einer neuen kulturellen Form des Selbstverständnis und der Selbstthematisierung geführt hat und das Schwinden der bereits seit den 50er Jahren abschmelzenden klassenspezifischen Kultur weiter vorantrieb.

An diese sich verändernde soziale und kulturelle Lage knüpft nun die Konzeption der Individualisierung von **Ulrich Beck** an. Seine Überlegungen wurden in Deutschland vor allem durch die *Risikogesellschaft* (Beck 1986) populär. Das Buch schlug der Öffentlichkeit mit den Begriffen der Individualisierung und der Risikogesellschaft zwei Konzepte vor, die regen Nachhall fanden, weil sie eine gute Folie der gesellschaftlichen Selbstbeschreibung darstellten. Dies liegt nicht nur daran, dass die *Risikogesellschaft* in unmittelbarem zeitlichen Zusammenhang mit der Reaktorkatastrophe von Tschernobyl erschien und ein Ventil für die dadurch ausgelösten Unsicherheiten und Ängste bereitstellte. Zu berücksichtigen ist auch, dass das Buch als eine politische Soziologie der Bundesrepublik der neunziger Jahre den Zeitgeist traf und einen Hintergrund bot, vor dem die gesellschaftliche Situation reflektiert werden konnte.

Becks Überlegungen suchen einen Ausdruck für neuartige sozialstrukturelle Individualisierungsprozesse. Sie wollen vor allem der Gleichzeitigkeit einander entgegengesetzter Entwicklungen im Hinblick auf Klassenstrukturen gerecht werden. Diese sind dadurch gekennzeichnet, dass der paradoxe Gesamtbefund einer **entstrukturierten Klassenstruktur** zu stellen ist, weil nur diese der »Fortexistenz klassengesellschaftlicher Züge bei gleichzeitiger Auflösung klassengesellschaftlicher Deutungsmuster« (Berger 1986, S. 225) gerecht wird. Die Diskussion über sozialstrukturelle Individualisierung zielt auf die theoretische Klärung dieses scheinbar widersprüchlichen Befundes.

Den Ausgangspunkt der Überlegungen von Beck bildet ein wissenssoziologischer Zugang zum Problem der Ungleichheitsforschung in den 80er Jahren: Diese habe nicht erkannt, dass es auf der einen Seite eine enorme »Stabilität« (Beck 1983, S. 35) der Ungleichheitsrelationen gegeben habe, sich auf der anderen Seite in der öffentlichen Wahrnehmung jedoch Ungleichheitsfragen sozial »verkrümelt« haben (Beck 1983, S. 36), weniger gesehen und seltener zum Thema öffentlicher Aufmerksamkeit wurden.

Die Konstanz der Ungleichheitsverteilung im Laufe der letzten 30 Jahre lässt sich am Beispiel der Verteilung des Nettoeinkommens auf die Bevölkerung demonstrieren. Zu diesem Zweck wird die Bevölkerung in fünf gleich große Gruppen – die Quintile – eingeteilt und dann für jede Gruppe ihr Anteil am gesamten Nettoeinkommen bestimmt. Das erste Quintil erhält dabei den geringsten, das fünfte Quintil den größten Anteil am Gesamteinkommen. Eine solche Analyse ermöglicht Vergleiche der Einkommensverteilung über längere Zeiträume hinweg, indem jeweils die Anteile am Gesamteinkommen zu verschiedenen Zeitpunkten verglichen werden. Darüber hinaus kann man einen zusammenfassenden Koeffizienten, den Gini-Koeffizienten, für das Maß der Ungleichverteilung berechnen. Bei vollkommener Gleichverteilung nimmt er den Wert 0 an, bei vollkommener Ungleichverteilung den Wert 1.

Die Verteilungen und die Gini-Koeffizienten in Tabelle 2 zeigen, dass die Ungleichverteilung in den 60er und 70er Jahren abnahm, um seitdem wieder leicht anzusteigen. Insgesamt betrachtet ist die Struktur der Ungleichverteilung seit den siebziger Jahren fast konstant geblieben.

Die Spannung zwischen konstanten Ungleichheitsrelationen bei offensichtlich schwindender Sichtbarkeit dieser Relationen führt zur ersten These im Hinblick auf die sozialstrukturelle Individualisierung: »Relativ konstant geblieben sind in der Entwicklung der Bundesrepublik die Verteilungsrelationen sozialer Ungleichheit, geändert haben sich gleichzeitig, und zwar ziemlich drastisch, die Lebensbedingungen

Jahr	1. Quintil	2. Quintil	3. Quintil	4. Quintil	5. Quintil	Gini-Koeffizient
1962	9,4	13,4	16,7	21,4	39,1	0,292
1973	10,5	14,3	17,6	22,1	35,5	0,248
1978	10,5	14,3	17,7	22,2	35,3	0,247
1988	9,9	14,4	17,9	22,4	35,5	0,253
1991	9,8	14,3	17,9	22,8	35,5	0,254
1997	9,8	14,4	18,0	22,6	35,4	0,256

Tabelle 2: Anteil am Gesamtnettoeinkommen in Westdeutschland für die Quintile (in Prozent) (Geißler 2001, S. 102)

der Menschen.« (Beck 1983, S. 36) Dieser Prozess einer allgemeinen Anhebung des Wohlstandsniveaus, auch **Fahrstuhleffekt** genannt, führt dazu, dass ein hierarchisch orientiertes Modell einer Klassen- oder Schichtungstheorie unzureichend für die Beschreibung der lebensweltlichen Orientierung wird. Denn die allgemeine Wohlstandssteigerung lässt fortbestehende Ungleichheiten in den Hintergrund der Orientierung treten.

Beck beschreibt im Folgenden weitere soziale Veränderungen, die zur Wohlstandssteigerung parallel verlaufen. Dazu gehören vor allem gesteigerte horizontale und vertikale Mobilität: Ortswechsel über größere räumliche Strecken hinweg nehmen zu, ebenso sind vermehrt soziale Auf- und Abstiege von Menschen zwischen verschiedenen Statuspositionen zu verzeichnen. Individualisierend wirkt weiterhin der Ausbau und die Stabilisierung sozialstaatlicher Sicherungs- und Steuerungssysteme, die grundlegende Risiken der Lohnarbeiter reduzieren. Hinzu kommt, dass die Lebensarbeitszeit kontinuierlich sinkt und vermehrte Chancen für Freizeit und Konsum lässt. Schließlich ist noch die Erfassung immer weiterer Bevölkerungskreise durch die Arbeitsmarktdynamik zu erwähnen, die sie bei aller Unterschiedlichkeit dem gemeinsamen Risiko des Arbeitsmarktes unterwirft (vgl. Beck 1983, S. 38–39). Insgesamt relativieren diese Prozesse die Bedeutsamkeit sozialer Ungleichheiten und bauen »subkulturelle Klassenidentitäten« (Beck 1983, S. 36) ab.

Daraus ergibt sich die zweite These: »Mit dem Eintritt in den Arbeitsmarkt [...] sind immer wieder aufs Neue Individualisierungsschübe relativ zu Familien, Nachbarschaft, Kollegen, Berufs- und Betriebsbindungen sowie zu Bindungen an eine bestimmte regionale Kultur, Tradition und Landschaft verbunden. Diese Individualisierungsschübe konkurrieren mit Erfahrungen des Kollektivschicksals am Arbeitsmarkt.« (Beck 1983, S. 41) Was Beck hier beschreibt, sind zwei parallele Prozesse. Einerseits finden sich Erfahrungsgrundlagen für die Wahrnehmung eines kollektiven Schicksals am Arbeitsmarkt. Andererseits treten auch die auf sozioökonomischen Prozessen beruhenden Individualisierungserfahrungen hervor. Entscheidend für die Einschätzung der Konsequenzen ist, dass Beck hier nicht nur von Individualisierung spricht, sondern zugleich auch explizit von **Kollektivierung** im Zuge der Erfahrungen am Arbeitsmarkt. Dies führt ihn dazu, dass Individualisierung als »historisch spezifischer, widersprüchlicher Prozess der Vergesellschaftung« (Beck 1983, S. 42) aufgefasst wird. Individualisierung ist deshalb im doppelten Sinne des Wortes ein widersprüchlicher Prozess.

Das spiegelt sich in einer **Doppeldeutigkeit des Individua-**

lisierungsbegriffs. Einerseits fasst er die gegenläufige Bewegung von Individualisierung und Kollektivierung zusammen. Individualisierung zeigt sich exemplarisch besonders an der »Arbeitsmarkt-Individualisierung« (Beck 1983, S. 45). Sie bezeichnet die Erfahrung auf dem Arbeitsmarkt befindlicher Personen, dass sie individuell um die Verwertung ihrer Arbeitskraft streiten, zugleich aber ist dies eine kollektive Erfahrung, die alle machen. Die Paradoxie der sozialstrukturellen Individualisierung besteht darin, dass die kollektive Erfahrung der Arbeitsmarktindividualisierung entkollektivierende Auswirkungen hat, weil sie individuell reflektiert und bearbeitet wird.

Eine Konsequenz daraus ist unter anderem der bereits erwähnte Rückgang des gewerkschaftlichen Organisationsgrades und der absoluten Zahl der Gewerkschaftsmitglieder. Individualisierende Wirkungen des Arbeitsmarktes können aber auch an neuen sozialen Formen der Gestaltung von Vermarktungsbedingungen der Arbeitskraft abgelesen werden. So bringt der Begriff des »Arbeitskraftunternehmers« (Voß/Pongratz 1998) zum Ausdruck, dass gegenwärtig Arbeitnehmer individuell ihre Verwertungschancen durch quasi unternehmerische Behandlung ihrer beruflichen Fähigkeiten beeinflussen müssen, dass aber dieser Prozess auf eigenes Risiko jeweils vom Einzelnen zu initiieren und durchzuhalten ist.

Arbeitsmarktindividualisierung unterläuft die Bedingungen für Klassensolidarität, weil diese voraussetzen würde, dass man sich aus seiner individuellen Verwertungsstrategie herauslösen und die Verwertungssituation als allgemeine Situation rekonstruieren kann. Das ist die **innere Widersprüchlichkeit** des Individualisierungsprozesses. Sie resultiert aus der Dynamik von Arbeitsmarktprozessen, die in eine kollektiv individualisierte Existenzweise hineinführen. Kollektive Erfahrungen werden also individuell bewältigt.

Andererseits ist aber Individualisierung auch deshalb ein spezifisch widersprüchlicher Prozess, weil er den bei Marx eindeutigen Zusammenhang von objektiver Lebensbedingung und subjektivem Ausdruck der Auseinandersetzung mit der sozialen Lage verändert. Ging Marx noch davon aus, dass das gesellschaftliche Sein das Bewusstsein bestimmt, so scheint sich in der Gegenwart dieser Zusammenhang tendenziell aufzulösen. Das Bewusstsein kann nun scheinbar relativ unabhängig von der objektiven Lebenslage variieren. Aus diesen **gewachsenen Freiheitsgraden des Bewusstseins** im Verhältnis zur objektiven Lebenslage resultiert, dass »die Voraussetzungen, das Hierarchiemodell sozialer Ungleichheit lebensweltlich zu interpretieren« (Beck 1983, S. 53) geringer werden. Die objektive Lebenslage tritt in ihrer Bedeutung für die alltagsweltliche Orientierung im sozialen Raum zurück.

Den Übergang von einer an der Strukturseite sozialer Ungleichheit orientierten Analyse von Klassen und Schichten zu einer stärker die kulturellen Ausdrucksformen ungleicher Lebensführung, Milieus und Lebensstile aufnehmenden Forschung kann man an der SINUS-Studie sozialer Milieus (vgl. Nowak/Becker 1985) aufzeigen. Soziale Milieus im Sinne dieser Studie beziehen sich auf die Einordnung von Personen sowohl im Schichtungsgefüge – die vertikale Dimension – als auch im Hinblick auf die Wertorientierungen (die horizontale Dimension). Berücksichtigt man beide Dimensionen, so spannen diese einen zweidimensionalen Rahmen zur Beschreibung sozialer Milieus als typischem Zusammenhang von Lebenslage und Orientierung auf. Entscheidend an diesem Modell ist nun, dass die einzelnen Milieus nicht trennscharf voneinander abgegrenzt sind, sondern sich überlappen. Das zeigt an, dass sich der Zusammenhang von sozialer Lage und Orientierung lockert und klassen- oder schichtspezifische Lebensbedingungen die Milieuzugehörigkeit nicht mehr eindeutig bestimmen. Im Zuge einer kulturtheoretischen Wende der Ungleichheitsforschung hat sich die Aufmerksamkeit stärker auf die Dimension der Gemeinsamkeiten von Werthaltungen, Lebensorientierungen, Mentalitäten und Lebensstilen konzentriert und der vertikalen Dimension weniger Aufmerksamkeit gewidmet.

Die bisherige Darstellung der sozialstrukturellen Individualisierung nach Beck konzentrierte sich auf die Rekonstruktion der sozialhistorischen Genese des vierten Individualisierungsschubes seit den sechziger Jahren des 20. Jahrhunderts. Diese ist von der nun folgenden Beschreibung der analytischen Elemente der Diagnose der Individualisierung zu unterscheiden. Mit anderen Worten: woraus besteht eigentlich die Annahme der sozialstrukturellen Individualisierung? Welche Ideen werden zusammengefügt?

Analytisch betrachtet besteht die Diagnose sozialstruktureller Individualisierung aus drei Teilthesen: einer sozialstrukturellen Kontinuitätsthese, einer kulturellen Transformationsthese und einer beide verbindenden Annahme der tendenziellen Entkoppelung gesellschaftsstruktureller und kultureller Prozesse.

Die **Kontinuitätsthese** bezieht sich auf die Entwicklung sozialstruktureller Verhältnisse und die Ungleichheitsrelationen. Hier hielt Ulrich Beck bereits 1983 entschieden fest, dass sich an den Ungleichheitsrelationen in der Bundesrepublik nichts geändert hat, jedoch das Gesamtniveau durch Massenwohlstand nach oben gefahren wurde. Bildlich gesprochen hat sich der Fahrstuhl der Ungleichheiten nach oben bewegt, aber die relativen Positionen innerhalb des Fahrstuhls sind unverändert geblieben.

Neben dieser These vertritt Beck eine **Transformationsthese**. Sie besagt, dass trotz konstanter Ungleichheitsrelationen für die Gegenwart eine Analyseperspektive »jenseits von Stand und Klasse« (vgl. Beck 1983) zu entwickeln sei. Diese These kann durch eine Vielzahl von Befunden in verschiedenen Bereichen plausibel gemacht werden. So hat sich der alltagskulturelle Sprachgebrauch immer mehr von klassentheoretischer Selbstverortung gelöst und sich stärker an Schichteinstufungen, Lebensstilen, Geschmacksvorlieben oder Freizeitpräferenzen orientiert. Diese Tendenz trifft auch für die Arbeiterschaft zu. An deren Klassenlage im Sinne von Marx hat sich nichts verändert, aber im Zuge der allgemeinen Wohlstandssteigerung hat auch sie eine neue Kultur der Lebensführung entwickelt. Diese besteht in der »Ausbildung einer auf individuelle Interessen zugeschnittenen Lebensführung« und einer um die Familie zentrierten Lebenssphäre (Brock 1991, S. 222). Deshalb kann man für die Gegenwart vermuten, dass die Möglichkeit handlungsmotivierender Ungleichheitserfahrungen, die zur Bildung von Großgruppen führen, immer mehr dahinschwindet. Die Konzentration auf die individuelle Lebensführung rückt in der Beobachtung und der Selbstbeschreibung Stile, Konsumgewohnheiten und Geschmackspräferenzen in den Vordergrund. Im Aufkommen von Milieu- und Lebensstilstudien im Bereich der sozialen Ungleichheitsforschung manifestiert sich dieser Übergang. Er zeigt zugleich eine Hinwendung zur Analyse sozialer Ungleichheiten als Form kultureller Unterscheidungen. Die Kultur der Distinktion (vgl. Bourdieu 1979) wird zu einer wichtigen Perspektive der Ungleichheitsforschung. Diese Transformation macht zwar neue soziale Formationen sichtbar, sie erschwert möglicherweise jedoch die Sichtbarkeit fortbestehender alter sozialer Formationen.

In einer nur diese beiden Teilthesen berücksichtigenden Darstellung von Elementen der Individualisierungskonzeption fehlt jedoch das Entscheidende: die Annahme der **Entkoppelungsthese**. Sie besagt, dass sich die sozialkulturelle Formation, die sozialkulturelle Selbstbeschreibung von der sozialstrukturellen Grundierung ablöst. Sie stellt damit eine Verbindung zwischen der ersten und der zweiten These her: Die sozialstrukturellen Sachverhalte bedingen nicht mehr die sozialkulturellen Deutungsprozesse. Von Entkoppelung in diesem Sinne spricht beispielsweise Stefan Hradil (1990, S. 139), wenn er darauf verweist, dass eine »Entkoppelung ›objektiver‹ Lebensbedingungen und ›subjektiver‹ Lebensformen« zu verzeichnen sei. Soziale Struktur und Kultur können sich tendenziell unabhängig voneinander entwickeln.

Als These ist die Entkoppelungsthese nicht neu. Sie liegt in abgeschwächter Form bereits dem oben dargestellten mehrdimensionalen Konzept sozialer Ungleichheit Max Webers oder Helmut Schelskys Diskussion der Nivellierungstendenzen in der Sozialstruktur zu Grunde. Aber die durch diese These hergestellte Verbindung zwischen Kontinuitäts- und Transformationsthese macht sie erneut bedeutsam. Eine Diskussion über die Individualisierung verlangt die Mitberücksichtigung der Entkoppelungsthese. Nur wenn dies geschieht, dann erscheint die Wahl angemessener Forschungsstrategien zur kritischen Prüfung der Kontinuitäts- und der Transformationsthese möglich. Erst wenn klargestellt ist, ob eine Entkoppelung vorliegt oder nicht, können Maßstäbe entwickelt werden, an denen die Kontinuitäts- und die Transformationsthese überprüft werden können.

Bislang konzentrierte sich die Auseinandersetzung häufig jeweils entweder auf die Kontinuitätsthese oder die Transformationsthese. Wird die Kontinuitätsthese zur Grundlage genommen, so geht man davon aus, dass keine Entkoppelung von sozialen Strukturen und sozialkulturellen Deutungsmustern stattgefunden habe, sich folglich die herkömmliche klassen- und schichtungstheoretische Erforschung sozialer Ungleichheiten weiterführen lässt. So verfährt etwa die Verfeinerung des klassentheoretischen Analysemodells durch Erik Olin Wright (1985).

Die andere Tendenz nimmt die Transformationsthese auf und unterstellt, dass deren Gültigkeit gegeben sei, um darauf aufbauend Konzepte **sozialer Milieus** oder **Lebensstile** zu entwickeln. Damit entfernen sich diese subjekt- und kulturtheoretisch argumentierenden Modelle von der klassentheoretischen Ungleichheitsdiskussion. Soziale Milieus fassen »Gruppen Gleichgesinnter zusammen, die gemeinsame Werthaltung und Mentalitäten aufweisen und auch die Art gemeinsam haben, ihre Beziehungen zu Mitmenschen einzurichten und ihre Umwelt in ähnlicher Weise zu sehen und zu gestalten« (Hradil 1999, S. 41). Hier wird auf eine sich aus ähnlichen Einstellungen ergebende Verhaltens-, Handlungs- und Habitusähnlichkeit als Grundlage der Bildung von kategorialen Großgruppen gezielt. Präferenzen, Vorstellungen und Wünsche sind nun das Mittel zur wissenschaftlichen Rekonstruktion wie auch zur sozialen Erzeugung von Gruppen, wo früher noch die relative Position zu den Produktionsmitteln ausschlaggebend war. In der Analyse von Lebensstilen und Milieus werden Gemeinsamkeiten und zusammenhängende Muster in der Vielfalt kultureller Ausdrucks- und Erscheinungsformen in den Mittelpunkt des Interesses gerückt (vgl. Endruweit 2000).

Wenn man von der Transformationsthese ausgeht und die Perspektive auf Ungleichheit in einem kultursoziologischen Rahmen richtet, dann ist die Zuwendung zu einer **subjektorientierten Ungleichheitsdiskussion** wie sie Müller-Schneider (2001) im Anschluss an Gerhard Schulze (1992) vorgenommen hat, eine konsequente Realisierung der Intention der Überlegungen zur sozialstrukturellen Individualisierung. Dann wird die Selbstbeschreibung der Individuen zurückgebunden an individuelle Erlebnisorientierungen, die entlang von gut sichtbaren und für die Konstitution erlebnisbezogener Milieus wichtigen Alters- und Bildungsunterschieden verlaufen, jedoch von der »ökonomischen Ressourcenverteilung weitgehend entkoppelt« sind (Müller-Schneider 2001, S. 373).

In der Diskussion über soziale Ungleichheiten stehen sich auch nach der Individualisierungsdiagnose weiterhin Klassentheoretiker (Strasser/Dederichs 2000), Schichtungstheoretiker in Anlehnung an Geiger (Geißler 1996) und Vertreter einer radikalen sozialstrukturellen Individualisierungsthese (Müller-Schneider 2001) gegenüber. Für die Klassentheoretiker gilt nach wie vor, wenn auch in verfeinerter Form, die Klassentheorie von Marx als entscheidender Baustein, um soziale Ungleichheiten in modernen Gesellschaften erfassen zu können. Auch die Schichtungstheoretiker haben ihre Modelle überwiegend verfeinert, halten aber an der grundsätzlichen Bedeutung einer über Einkommen, Bildung und Prestige aufzubauenden hierarchischen Modellierung sozialer Strukturen fest. Anders verfahren nur die Theoretiker, die auf ein horizontales Modell sozialer Differenzierung umstellen und klassentheoretischen oder schichttheoretischen Modellierungen von Ungleichheitsrelationen die Brauchbarkeit in der Gegenwart absprechen.

Das Wichtigste in Kürze

Die Annahme einer sozialstrukturellen Individualisierung geht davon aus, dass es eine Gleichzeitigkeit von Prozessen struktureller Kontinuität und kultureller Transformation gibt. Sie führt zu einer paradoxen Einheit von Individualisierung und Kollektivierung. Diese paradoxe Gleichzeitigkeit entsteht durch die schrittweise Entkoppelung der von Marx ursprünglich angenommenen Determination kultureller Ausdrucksformen durch sozialstrukturelle Lagen. In der Diskussion dieser Individualisierungsprozesse findet sich insgesamt eine Hinwendung zu kulturtheoretischen Beschreibungsformen sozialstruktureller Zusammenhänge.

3.2 Lebenslauf, private Lebensführung und Identität

Schwächer werdende strukturelle Regelungen der Zeitlichkeit des Lebens wie der Lebenslauf oder Vorgaben durch den Sozialstaat führen dazu, dass das Individuum immer weniger auf vorgegebene Muster und Normierungen zurückgreifen kann und stattdessen auf von ihm selbst entwickelte Orientierungen verwiesen ist. Das Individuum wird so zum Kern der Entwicklung seines Lebensverlaufs, seiner Identität und seiner privaten Lebensführung.

Die Institution des Lebenslaufs hat eine verhältnismäßig junge Vergangenheit. Die soziale Bedeutung ihrer Entstehung lässt sich unter Rückgriff auf eine Skizze historischer Veränderungen im Hinblick auf die Lebensdauer verdeutlichen. Im Vergleich mit der Zeit vor ungefähr 200 Jahren ist die Wahrscheinlichkeit, an Pest, Krieg, Hunger, Infektionskrankheiten oder chronischen Krankheiten zu sterben, extrem gering geworden. Dadurch hat sich die durchschnittliche Dauer des Lebens erheblich verlängert und die Erwartbarkeit von Lebensereignissen ist gewachsen. So hat sich die mittlere Lebenserwartung in den Industrieländern in den letzten 100 Jahren verdoppelt. Sie stieg in Deutschland von 35 Jahren am Ende des 19. Jahrhunderts bis heute auf 74 Jahre bei Männern und 80 Jahren bei Frauen an. Parallel hierzu hat sich das Sterben von einer eher zufälligen Verteilung über die gesamte Lebenszeit in der heutigen Zeit auf das höhere Alter konzentriert. Die verlängerte Lebensdauer ging ihrerseits etwa mit der Entstehung einer noch relativ jungen Lebensphase wie der des »empty nest«, der Zeit nach dem Auszug der Kinder aus dem Elternhaus, einher (vgl. Imhof 1988, S. 37). An der Entstehung der Phase des »empty nest« kann man nachvollziehen, welche soziale, aber auch individuelle Bedeutung die Verlängerung der Lebensdauer hat. Sie wird durch die Institutionalisierung des Lebenslaufs aufgenommen. Die Institution des **Lebenslaufs** konstituiert diesen als eine geordnete Sequenz von Ereignissen, die Orientierung in der zeitlichen Ordnung des Lebens erlauben.

Die Institution des Lebenslaufs macht den individuellen Lebenslauf in einem bestimmten Ausmaß berechenbar. Auf diese Weise werden Lebensphasen, die zugleich bestimmte thematische Schwerpunkte und Problemstellungen aufweisen, absehbar. So ist der Übergang von einer Ausbildung in eine Arbeitstätigkeit ein institutionalisierter Vorgang. Während einer Ausbildung ist dieser Übergang absehbar und lässt sich vorausschauend einplanen, eventuell durch zusätzliches Engagement erleichtern oder aber für eine berufliche Neuorientierung nutzen. In dieser Weise folgen viele Ereignisse im Lebenslauf einem bestimmten institutionalisierten Ablauf, sei es der Auszug aus dem Elternhaus, die Suche nach einem Lebenspartner, der Aufbau einer Familie oder der Übergang in den Ruhestand. Teilweise, etwa für den Ruhestand, sind diese institutionalisierten Zeitpunkte sogar gesetzlich normiert.

Empirisch ist für die Ordnung des Lebenslaufs kennzeichnend, dass es eine als Idealtyp fassbare Normierung bezüglich des »richtigen« Alters für Lebensereignisse gibt. Ebenso gibt es Regeln der »richtigen« Abfolge von Ereignissen. Der

Begriff der Altersnorm ist hier jedoch mit Vorsicht zu verwenden. Denn als Normen gelten Erwartungen, die der Sanktionierung unterworfen sind. Altersnormen sind zwar Erwartungen an den »richtigen« Zeitpunkt oder Zeitraum für den Eintritt bestimmter Ereignisse, aber ihre Einhaltung wird nicht sanktioniert.

Dass altersbezogene Erwartungen bestehen, wird sichtbar, wenn man sich die Reaktion auf ungewöhnliche oder extreme Abweichungen vor Augen führt. So reagierte beispielsweise die Öffentlichkeit mit einer heftigen Kontroverse, als in Italien vor wenigen Jahren eine 60-Jährige mit Hilfe künstlicher Befruchtung nochmals Mutter wurde. Gestritten wurde dabei nicht so sehr um den Sinn der künstlichen Befruchtung als vielmehr um die dadurch ausgelöste Abweichung vom normierten »richtigen« Alter. Denn für 60-Jährige sieht die Altersnormierung keine eigenen Kleinkinder, sondern Enkel vor. Genauso führen aber auch Abweichungen in die andere Richtung, etwa 14-jährige Mütter, zu Irritationen, zumal in diesen Fällen dann nicht nur eine Altersnorm nicht eingehalten wird, sondern auch die normierte Abfolge von Ereignissen umgeworfen wird.

Wenn man im Rahmen der Lebenslaufforschungen einen Zugriff auf die Individualisierung sucht, so stößt man auf die Schriften von **Martin Kohli**. Er hat in erster Linie das Lebenslaufregime, das heißt die gesellschaftliche Vorstellung über die geordnete Abfolge von Lebensereignissen und ihre institutionelle Verankerung, untersucht.

Das Lebenslaufregime zeichnet sich für Kohli (1985) dadurch aus, dass Alter zu einem zentralen Strukturprinzip des Lebenslaufs geworden ist (**Verzeitlichung**). Damit einhergehend orientiert sich die Ordnung des Lebensverlaufs überwiegend am chronologischen Lebensalter (**Chronologisierung**). Beide Prozesse gemeinsam führen zu einer umfassenden Freisetzung des Individuums aus ständischen, lokalen und traditionalen Bindungen (**Individualisierung**). Kohli gibt mit dieser begrifflichen Differenzierung dem Konzept der Individualisierung eine lebenslauftheoretische Rahmung.

Alter ist natürlich auch in vormodernen Gesellschaften ein wichtiges Merkmal im sozialen Zusammenhang gewesen. Teilweise war es mit spezifischen Rechten und Pflichten verbunden, etwa dem Recht auf das Altenteil in bäuerlichen Familien. Allerdings fehlte, bedingt durch hohe Sterblichkeit aufgrund von Seuchen, schlechten hygienischen Bedingungen und gering entwickelter medizinischer Versorgung (vgl. Imhof 1988), die Absehbarkeit einzelner Ereignisse. Unter diesen Bedingungen konnte sich keine stabile Normierung des Lebenslauf ergeben. Das Leben blieb in diesem Sinne eine eher zufällige Folge von Ereignissen.

Individualisierung ist in Kohlis Konzeption eine Gegentendenz zur vereinheitlichenden Wirkung von Chronologisierung und Verzeitlichung. Im Gegensatz zu diesen beiden Prozessen befreit Individualisierung tendenziell von der Vorhersehbarkeit des Lebenslaufs und öffnet diesen für Flexibilisierungen – sei es für Abweichungen von Altersnormierungen oder von Ereignisabfolgen. Zwar gibt es keine generelle Auflösung der Hauptlinie der Abfolge von Vorbereitungsphase, Erwerbsphase und Ruhephase. Aber man kann nun etwa innerhalb der Erwerbsphase erzwungene Ruhephasen wie Arbeitslosigkeit erleben, Sabbatjahre einlegen oder aber den Ruhestand vorziehen und Ähnliches mehr. Durch diese Flexibilisierungsprozesse wird eine individuelle Nutzung der Sequenzen gestattet und eine individuelle Ausgestaltung der Lebenslauforordnung möglich.

Der Lebenslauf ist, auf diese Weise interpretiert, ein Mechanismus zur Herstellung von sozialer Ordnung und Kontrolle. In diesem Sinne ist der Lebenslauf ein Programm der Vergesellschaftung, dessen Ausführung den Individuen obliegt (vgl. Kohli 1986). Dabei wird der Arbeitsmarkt benutzt, um das Programm in Gang zu setzen und die Struktur des Lebenslaufs zu erzeugen. Denn die Funktion der Vorbereitungs- und der Ruhestandsphase ergeben sich nur durch ihren Bezug auf die Erwerbsphase. Die eine dient als Vorbereitungszeit auf die Erwerbsphase, während der Ruhestand die Ausgliederung aus dem Erwerbssystem bedeutet.

Hier taucht erneut die gedankliche Figur der **Arbeitsmarktindividualisierung** auf. Allerdings nicht mehr in der Form wie Beck sie versteht. Vielmehr wird nun umgekehrt argumentiert, dass die Einbindung in den Arbeitsmarkt zu einer einheitsverbürgenden Strukturierung des Lebenslaufs für Kollektive von Individuen beiträgt. Demgegenüber ist in den Überlegungen Becks der Arbeitsmarkt der entscheidende Motor für weitergehende Individualisierungsprozesse.

Trotz dieser anderen Interpretationsrichtung ist Martin Kohli zu den Individualisierungstheoretikern zu rechnen. Denn die skizzierte Struktur des Lebenslaufs franst an ihren Rändern aus, da der Lebenslauf sich in einer noch nicht sehr großen, aber immerhin bemerkbaren Anzahl von Fällen nicht mehr entlang des normierten Lebenslaufschemas ausrichtet. Die **Ausfransung des Normallebenslaufs** wird vor allem durch eine Verkürzung der Lebensarbeitszeit und die Möglichkeiten zum Vorziehen des Ruhestands vorangetrieben. Diese Phänomene führen dazu, dass die geordnete Abfolge von Lebensphasen in einzelnen, noch relativ kleinen sozialen Gruppierungen durchbrochen und aufgehoben wird. Wenn man diese als Vorreiter einer neuen Entwicklung versteht, dann haben sie herausragende Bedeutung für die Abschätzung der künftigen gesellschaftlichen Entwicklung. Diese neuen Modelle »sind bedeutungsvoll als kulturelle Modelle, in denen sich Ansprüche bündeln, die aus den Deutungsgrundlagen des modernen Individualitätsregimes entstanden und somit alles andere als beliebig sind. Dieser kulturelle Druck dürfte mit der Zeit eine stärkere Handlungsrelevanz gewinnen.« (Kohli 1994, S. 231)

Ausgehend von diesen Befunden ist es nicht weit zu einer anderen Diskussion. Diese leitet die Ordnung des Lebenslaufs nicht aus dem Arbeitsmarkt ab, sondern aus den **strukturierenden Vorgaben des Sozialstaates**. In den Augen von Karl Ulrich Mayer und Walter Müller (vgl. 1989) reguliert vor allem der Staat den Lebensverlauf, weil er wesentliche Phasen der Chronologisierung des Lebens durch gesetzliche Regulationen vorgibt.

Die Standardisierung von Lebensverläufen ergibt sich aus einer Kombination vielfältiger Einflussfaktoren. Hier sind vor allem die industrielle Arbeitsgesellschaft sowie koordinierte Strategien von Gewerkschaft, Staat und Unternehmer zu erwähnen. Diese erzeugen die »Strukturierung von Lebenschancen und Lebensverläufen durch gesellschaftliche Institutionen« (Mayer 1991, S. 680).

Solche Prozesse werden gegenwärtig von Tendenzen zur Pluralisierung und Destandardisierung des Lebensverlaufs begleitet. Diese schlägt sich vor allem in dreierlei Befunden nieder. »Die frühere Standardisierung des Lebensverlaufs scheint gängigen Auffassungen zufolge in drei wesentlichen Aspekten beeinträchtigt. Erstens sei die Dreiteilung des Lebensverlaufs in klar voneinander getrennte Phasen [...] ›flexibilisiert‹ [...] Zweitens verfolgen Frauen teils freiwillig, teils unfreiwillig eigenständige Lebensentwürfe. [...] Drittens seien die Verläufe innerhalb der Lebensbereiche von Arbeit und Familie weniger altersnormiert, weniger ziel- und aufwärtsgerichtet und weniger einheitlich.« (Mayer 2001, S. 453) Diese Tendenzen zu einer Destandardisierung des Lebensverlaufs werden übereinstimmend in den Arbeiten von Martin Kohli und Karl-Ulrich Mayer beschrieben. Trotzdem bleibt das normative Muster einer typischen dreiteiligen Abfolge von Lebensphasen in Kraft.

Beide Tendenzen erlauben nur ein Zwischenfazit: Es finden gleichzeitig standardisierende und destandardisierende Prozesse statt. Das betrifft auch die Einschätzung der Individualisierungsdiagnose. Zu betonen ist, dass über die Gültigkeit und Angemessenheit der Diagnose einer Individualisierung von Lebensverläufen keine vorschnelle Entscheidung gefällt werden kann, weil sowohl die Diagnose stützende als auch ihr widersprechende Prozesse auf der Strukturierungsebene von Lebensverläufen aufgefunden werden können (vgl. Mayer 2001).

Sowohl die Arbeiten von Kohli wie auch die von Mayer/ Müller weisen darauf hin, dass Individualisierung nicht ausschließlich als eine Destrukturierung des Lebensverlaufs verstanden werden darf. Von einer Auflösung des dreigliedrigen Lebensverlaufs kann nicht gesprochen werden. Auch wenn der Lebensverlauf zunehmend differenziert wird und die Grenzen zwischen Erwerbsphase und Ruhestandphase flexibilisiert werden, so bleibt der Lebenslauf weiterhin eine

Orientierung ermöglichende Institution im Vergesellschaftungsprozess.

Die Flexibilisierung des Lebens(ver)laufs hat auch Auswirkungen auf die **private Lebensführung** durch die Steigerung der Komplexität von Entscheidungsprozessen. Diese wird einerseits durch eine Pluralisierung privater Lebensformen erzeugt, andererseits ergibt sie sich aus der geringen institutionellen Verfestigung dieser neueren privaten Lebensformen. So sind im Zuge der Entwicklung neuer Lebensformen, etwa der nichtehelichen Lebensgemeinschaften, für die private Lebensführung neue Entscheidungen aufgetreten. Nicht nur, dass damit eine Alternative zur Ehe vorliegt. Vielmehr öffnet die nichteheliche Lebensgemeinschaft selber weiteren Entscheidungsbedarf: Soll sie eine dauerhafte Alternative zur Ehe sein? Oder möchte man sie eher als Vorstufe oder Vorbereitungsphase zur Ehe handhaben? Und wenn ja, wie lange soll diese Zeit dauern? Und wie ist sie zu gestalten, eheähnlich oder als Erprobungsraum neuer Möglichkeiten der privaten Lebensführung? Mit diesen und ähnlichen Fragen ist ein Entscheidungsraum mit erheblicher Komplexität angedeutet. Denn bereits erprobte Formen der Abstimmung von beruflicher Mobilität, partnerschaftlicher Orientierung und Kinderwünschen für nichteheliche Lebensgemeinschaften sind nur in geringem Ausmaß – etwa im Erfahrungswissen anderer nichtehelicher Lebensgemeinschaften – gegeben.

Die umstrittene Pluralisierung von Lebensformen (vgl. Höhn/Dorbritz 1995; Huinink/Wagner 1998; Nave-Herz 2001) und die Veränderung der Rolle der Frau im Geschlechterarrangement (vgl. Beck-Gernsheim 1986) haben zu hitzigen Diskussionen in der Familiensoziologie geführt.

Folgende Befunde können trotz aller Divergenzen in der Diskussion festgehalten werden: Seit ungefähr 30 Jahren sind wir Zeugen einer Abnahme der Heiratsbereitschaft und einer kontinuierlichen Erhöhung des Erstheiratsalters. Zudem wird mittlerweile jede dritte Ehe geschieden und Wiederverheiratungen werden seltener. Die Tendenzen weisen – berücksichtigt man, dass 35 Prozent aller Haushalte Einpersonenhaushalte sind, es jedoch kaum noch Drei- und Mehrgenerationenhaushalte gibt – darauf hin, dass die Dominanz des Familienmodells als Form der privaten Lebensführung sich zumindest weiter abschwächt (vgl. den Bericht über die demographische Lage in Deutschland des Bundesinstituts für Bevölkerungsforschung unter http://www.bib-demographie.de/demolage.htm).

Die bisherige Darstellung verwendete vordringlich eine Außenperspektive auf die Lebensgeschichte des Individuums und konzentrierte sich auf die Strukturebene der Beschreibung. Sie ist zu unterscheiden von einer Sichtweise, die das Leben aus der Innenperspektive des Individuums als eine sinnvolle Abfolge von Ereignissen zu verstehen sucht.

Das individuelle Leben gestaltet sich angesichts gestiegener Wahlmöglichkeiten etwa im Hinblick auf den Lebenslauf zu einem *Projekt* um. Dieses legt dem Individuum den Zwang zu individuellen Entscheidungen auf. Das bedeutet, wie es der kanadische Sozialphilosoph Charles Taylor formulierte, dass »Identitäten in einem Dialog ohne gesellschaftlich vorab festgelegtes Drehbuch geformt« (1993, S. 26) werden müssen. Konnte bislang die Identität durch Orientierung an äußeren Normen stabilisiert werden, so sind nun diese Außenorientierungen weggefallen. Die Individuen stehen jetzt ohne Schablonen der Selbstdefinition vor der Aufgabe, ihre Identität selber zu definieren.

Ohne Rückgriff auf gesellschaftlich vorgefertigte Drehbücher entwickelte Identitäten sind fragil. Ihnen mangelt es auf den ersten Blick an Stabilität, Kontinuität und Dauerhaftigkeit. Solche Identitäten aufzubauen ist ein riskanter Prozess. Sie bürden dem Individuum die Verantwortung für seine »Bastelexistenz« (Hitzler/Honer 1994) auf, ohne ihn mit einer Versicherung auszustatten für den Fall eines Scheiterns der Bastelarbeit. Der Schweizer **Peter Gross** hat sich besonders mit den Konsequenzen eines vergrößerten Gestaltungsspielraums für die Individuen auseinandergesetzt. In seinen Überlegungen wird deutlich, dass der geöffnete unbegrenzte Optionsraum für die Individuen die Schwierigkeit mit sich bringt, Entscheidungen zu treffen und für diese Wahl verantwortlich zu sein (Gross 1994).

Das individuelle Leben steht aber nicht nur vielfältigen Optionen gegenüber, es ist auch mit Multiperspektivität konfrontiert, da es eingebettet ist in eine hochkomplexe Gesellschaft, die sich vor allem durch funktionale Differenzierung auszeichnet. Funktionale Differenzierung bedeutet, dass die Gesellschaft in Teilbereiche untergliedert gedacht wird, die nach verschiedenen Funktionslogiken arbeiten. Diese sind unter anderem das Recht, die Ökonomie, die Politik. Das heißt, moderne Gesellschaften konfrontieren das nach Deutung seines Lebens strebende Individuum mit vielfältigen Perspektiven, weil viele Funktionslogiken nebeneinander stehen.

Diese Multiperspektivität wird nicht durch eine übergeordnete Perspektive integriert. Alle Funktionslogiken und Sichtweisen sind gleichermaßen legitim, keine kann sich als die »bessere« oder »richtige« herausheben. Angesichts der damit gegebenen Relativierung ehemals fester Orientierungsleitlinien stellt sich die Frage: Wie muss eine Identität beschaffen sein, die dieser gesellschaftlichen Ausdifferenzierung gerecht werden kann? Eine Antwort hierauf hat Uwe Schimank entwickelt.

Funktional differenzierte Gesellschaften werfen für das Individuum das Problem auf, sich selbst als Identität ohne Rückgriff auf substantielle Identität kreieren zu müssen. Zwei Möglichkeiten angesichts der Multiperspektivität aller gesellschaftlichen Verhältnisse bestehen hierzu: Subjektivismus und Reflexivismus. **Subjektivismus** baut darauf auf, dass jede Person einen nur für sie zugänglichen privilegierten Zugang zu sich selbst hat, der zum Ausgangspunkt der Konstitution von Identität gemacht werden kann. Einen anderen Weg beschreitet der **Reflexivismus**. In ihm wird Identität als ein Prozess verstanden, der aus der Reflexion und Abwägung aller Möglichkeiten eine Person zu sein erwächst (vgl. Schimank 1985, S. 456).

Beide Identitätsformen können an Beispielen aus der Literaturgeschichte erläutert werden. Der Dichter Rainer Maria Rilke (1875–1926) vermittelt in seinem Tagebuchroman *Die Aufzeichnungen des Malte Laurids Brigge* (1910) einen Eindruck von der Identitätsform des Subjektivismus. Der Tagebuchschreiber, ein Däne aus einem aussterbenden Adelsgeschlecht, sieht sich im Paris der Jahrhundertwende konfrontiert mit einer ihm äußerlich bleibenden sozialen Welt. In dieser fühlt er sich nicht zu Hause, sieht sich bedrängt von den Erfahrungen der Schnelligkeit und des Trubels von Paris, der Ruhelosigkeit dieser Stadt und dem Gefühl der Einsamkeit. Aus dieser äußeren Welt flüchtet er in das Innere seines Selbst, in die Welt seiner Gefühle, in seine Subjektivität. Nur dort scheint er einen Fixpunkt, einen unerschütterlichen und nicht irritierbaren Angelpunkt seiner selbst zu finden, von dem aus er sich selbst begreifen und eine Identität konstruieren kann. Diese Identität ist in Bewegung, aber sie folgt nur einem inneren Impuls, ohne Reflexion auf Alternativen oder Auseinandersetzung mit der Welt: Sie sucht im Subjektivismus die Kontingenz des Reflexivismus zu vermeiden.

Der Reflexivismus als Identitätsform lässt sich an einem für den späteren Existenzialismus bedeutenden philosophischen Werk Sören Aabye Kierkegaards (1813–1855) *Entweder-Oder* (1843) verdeutlichen. Das Buch schildert in der Gegenüberstellung der Lebensorientierungen von A (einem Ästhetiker) und B (einem Ethiker) grundlegende Lebensmöglichkeiten einer reflexiven Identität. Es geht dabei nicht so sehr um die Gegenüberstellung von A und B, als vielmehr um den im »Dialog« sichtbar werdenden Reflexivismus, der alles durch die abwägende Bewegung des Entweder-Oder zu ergründen und begründen sucht. Reflexion, Nachdenken, Konstruktion und experimentelles Gedankenspiel sind hier Möglichkeiten, sich seiner selbst zu vergewissern: Durch den Dialog sucht der Reflexivismus der Kontingenz des Subjektivismus zu entgehen. Aber in *Entweder-Oder* ist auch die Grenze dieser Strategie der Identitätsbildung bereits zu erkennen, denn der Reflexivismus kann zuletzt nur mit Rückgriff auf den Subjektivismus die Unabschließbarkeit von Reflexionsprozessen überwinden.

Beide Identitätsformen haben jedoch ein Problem, das ihrem jeweiligen Konstruktionsprinzip geschuldet ist. Der Subjektivismus ist nur dann eine stabile Basis zur Identitätskonstitution, solange nicht auf die Kontingenz des Subjektiven – es könnte auch anders sein – reflektiert wird. Die Identitätsform des Reflexivismus hingegen führt dazu, dass jede konsequente Reflexion zuletzt auch ihre eigenen Grundlagen in Frage stellt und damit einen Zweifel an der Reflexion in Gang setzt, der mit Mitteln der Reflexion nicht mehr unterbrochen werden kann. Wie kann man dieser misslichen Lage entkommen?

Eine die Nachteile beider Identitätsformen vermeidende Form ist der **reflexive Subjektivismus.** »Der reflexive Subjektivist macht [...] die je eigene Subjektivität zum Bezugsrahmen all seines Erlebens und Handelns. [...] Die je eigene Subjektivität: das ist nicht weniger als die Totalität der biographisch erworbenen Selbstbildungen der Person [...]. Auf der anderen Seite ist Subjektivität so als geschichtlich gewordene nicht länger kontingent: Das vergangene Erleben und Handeln der Personen, aus dem heraus ihre gegenwärtige Ich-Identität entstanden ist, ist nicht mehr anders möglich.« (Schimank 1985, S. 460) Dadurch wird die Kontingenz des Subjektiven im Subjektivismus ebenso umgangen wie der unbegrenzte Zweifel im Reflexivismus, weil das lebensgeschichtlich Vergangene zwar befragt, aber als Vergangenes nicht bezweifelt werden kann.

Das Modell des reflexiven Subjektivismus versucht, zwei Konsequenzen individualisierender Vergesellschaftungsprozesse ein adäquates Modell der Identität zur Seite zu stellen. Einerseits ist der Wegfall sozialer Drehbücher für Identität ein Tatbestand, der mit der Kontingenz des Entscheidens konfrontiert. Diese Kontingenz muss geschlossen werden, denn unbegrenzte Kontingenz ist nicht ertragbar. Folglich ist unter den Bedingungen der Individualisierung die Fähigkeit zur Kontingenzreduktion wichtig. Zum zweiten muss diese sich aus Kontingenzreduzierung ergebende Identität als Ausdruck der Subjektivität verstanden werden können. Denn wenn keine externen Drehbücher mehr existieren, so bleibt als Autor nur das selbstentscheidende Subjekt zurück. Wenn beide Merkmale zusammenkommen und sich wechselseitig ausbalancieren, dann kann von einer erfolgreichen Identitätsbildung unter den Bedingungen funktionaler Differenzierung gesprochen werden.

Das Modell des reflexiven Subjektivismus enthält bereits entscheidende Merkmale einer Identität in der späten Moderne, so wie sie **Anthony Giddens** (vgl. 1991, S. 75–80) beschreibt. Auch Giddens sieht, dass unter den gegenwärtigen gesellschaftlichen Bedingungen neue Anforderungen an die Identität herangetragen werden. Dazu gehört ihr Verständnis als ein reflexives Projekt, welches Vergangenheit und Zukunft der Persönlichkeit verbindet und über den Aufbau einer biographischen Erzählung Kontrolle über die Zeit und damit auch über die Kontingenz der Selbstbezüglichkeit der eigenen Identitätsentwicklung herstellt. In den Überlegungen von Giddens haben diese Gedanken eine tragende Rolle für die Erklärung der im übernächsten Kapitel darzustellenden Entstehung eines neuen Politikmodells – **life politics** –, weil dieses eine Konsequenz der Entfaltung des skizzierten Identitätstyps ist.

Wenn man Individualisierung auf der Ebene von Individualität und Identität untersucht, so wird man auch an die klassischen Überlegungen von **Georg Simmel** verwiesen. Er hat für diese Diskussion zwei zentrale Konzepte bereitgestellt: Die Schneidung sozialer Kreise und das individuelle Gesetz.

Mit der **Schneidung sozialer Kreise** meint Simmel, dass ein Individuum umso mehr individualisiert erscheint, je mehr es in verschiedenen Rollenzusammenhängen wahrgenommen werden kann. Die Ursache für die Schneidung sozialer Kreise liegt in gesellschaftlichen Differenzierungsprozessen. Je mehr sich die Gesellschaft in unterscheidbare Funktionsbereiche des Handelns, wie etwa Ökonomie, Politik, Religion und Kunst, mit jeweils eigenen Rollenanforderungen ausdifferenziert, desto stärker lässt sich ein Individuum durch seine Teilhabe an den unterschiedlichen Bereichen beschreiben. Individualität ist so betrachtet das Resultat der Vielfalt von ausdifferenzierten Zusammenhängen, in deren Schnittpunkt ein Individuum steht. »Die Gruppen, zu denen der Einzelne gehört, bilden gleichsam ein Koordinatensystem, derart, dass jede neu hinzukommende ihn genauer und unzweideutiger bestimmt.« (Simmel 1890, S. 240)

Die Differenzierungsprozesse werden in zweierlei Weise beschrieben. Einerseits führt nach Simmel gesellschaftliche Arbeitsteilung zur Individualisierung im Sinne von Spezialisierung der Tätigkeiten. Andererseits erzeugt funktionale Differenzierung Individualisierung durch Rollendifferenzierung. Beide Betrachtungsweisen beschreiben das individualisierte Individuum in seiner Individualität von außen. Es ist von dort aus betrachtet eine Einheit von differenten Erwartungen, also ein Dividuum, ein geteiltes Individuum.

Simmel (1890, S. 239–240) macht den Zusammenhang von Differenzierung und Individualität an folgendem Beispiel deutlich: »Wenn der moderne Mensch zunächst der elterlichen Familie angehört, dann der von ihm selbst gegründeten und damit auch der seiner Frau, dann seinem

Beruf, der ihn schon für sich oft in mehrere Interessenkreise eingliedern wird [...]; wenn er sich seines Staatsbürgertums und der Zugehörigkeit zu einem bestimmten socialen Stande bewußt ist, außerdem Reserveoffizier ist, ein paar Vereinen angehört und einen die verschiedensten Kreise berührenden geselligen Verkehr besitzt«, dann ist seine Individualität als Schnittpunkt all dieser Beziehungen klar und von vielen anderen unterscheidbar. Diese Fülle von Beschreibungsmerkmalen, deren Verknüpfung aufzeigt, wie unwahrscheinlich es ist, dass ein zweiter Mensch ebenfalls genau diese Merkmalskombination aufweist, zeigt, dass Individualität zu Recht Einzigartigkeit meint und einem Fingerabdruck vergleichbar ist.

Aber die Integration der Rollenvielfalt stellt auch ein Problem dar. Häufig treffen einander widersprechende Erwartungen aufeinander. Wenn das Individuum sich angesichts vielfältiger Individualisierungsprozesse noch als ein einheitliches Individuum verstehen will, so ist es darauf angewiesen, einen eigenen Formgebungsprozess in dieser Vielfalt zu initiieren, damit hinter den Rollen noch eine Persönlichkeit erkennbar ist. Man wird in diesem Sinne sein eigener Gestalter. Simmel nennt dies, sich ein »individuelles Gesetz« schaffen (vgl. Simmel 1913). Das **individuelle Gesetz** orientiert das Leben als ein zu entfaltendes Projekt entlang einer Handlungsmaxime in Übereinstimmung mit den subjektiven Interessen der Person. Es setzt dabei sowohl an der Reflexion auf die Gesamtheit der biographischen Deutungen wie auch an der Subjektivität des Individuums an. In diesem Sinne kann das individuelle Gesetz als eine frühe Formulierung des reflexiven Subjektivismus im Sinne Uwe Schimanks bezeichnet werden. Zudem verdeutlicht die Idee des individuellen Gesetzes den Entwurfscharakter jeder Identität: Sie ist ein Projekt.

Simmel selbst diskutiert das individuelle Gesetz am Beispiel eines Antimilitaristen. Auf die heutige Zeit übertragen kann ein Totalverweigerer ein Beispiel sein. Sein individuelles Gesetz geht von der Prämisse aus, dass sowohl Wehrdienst als auch Zivildienst – letzterer möglicherweise wegen des inneren Verweisungszusammenhangs auf den Wehrdienst – gleichermaßen moralisch zu verwerfen sind. Gleichzeitig jedoch weiß dieser Mensch, dass Totalverweigerung mit Gefängnis geahndet wird, weil dieses Lebensprinzip durch den Staat nicht anerkannt wird. Seinem individuellen Gesetz folgend muss er diese Folge seiner Orientierung und alles sich daraus Ergebende hinnehmen und in sein Identitätsprojekt zu integrieren suchen. Zuletzt bleibt ihm nichts anderes als die Konsequenzen seiner durchgehaltenen Maxime des individuellen Gesetzes in der Aussage zusammenzufassen: Ich konnte nicht anders wollen. Dieses Beispiel verdeutlicht, dass das individuelle Gesetz nur für je eine Person Gesetzescharakter hat. Es ist keine Handlungsmaxime, die verallgemeinerbar ist.

Das Wichtigste in Kürze

Identität, private Lebensführung und Lebenslauf sind sowohl Ergebnis sozialer Differenzierungsprozesse wie auch Angebote zur Integration des Ausdifferenzierten. Auch in diesem Bereich lassen sich wiederum eine Struktur- und eine Kulturdimension der Analysen unterscheiden. In der **Strukturdimension** rückt vor allem der Lebensverlauf und die Institutionalisierung des Lebenslaufs in den Mittelpunkt.

Beide Beschreibungsversionen konzentrieren sich auf staatliche oder um das Arbeitsmarktsystem herum gruppierte Ordnungsversuche für die sequentielle Abfolge von Lebensereignissen. Sie bilden objektive Strukturen des Lebenszusammenhangs und erlauben eine Deutung entlang dieser normativ vorgegebenen Regulationsformen. Ihnen korrespondieren gleichzeitig in der **kulturellen Dimension** individuelle Deutungsmuster, die die objektive Abfolge von Lebensereignissen aus der Perspektive des Subjekts deuten.

3.3 Solidarität und Individualisierung

Individualisierung führt nicht nur zum Abbau gesellschaftlicher Solidarität, sondern auch zum Aufbau neuer, veränderter Solidaritätsformen. Auf der strukturellen Ebene können Prozesse beobachtet werden, die – etwa im Bereich des ehrenamtlichen Engagements – ein Anwachsen solidarischen Handelns aufzeigen. Auf der kulturellen Ebene lassen sich Ansätze eines neuartigen Verständnisses von Solidarität finden.

Klagen über den Verfall gesellschaftlicher Solidarität und die Zunahme egoistischer Orientierungen werden gegenwärtig in privaten und öffentlichen Debatten wieder häufig geäußert. Ein »Schuldiger« für diese Entwicklung ist zumeist schnell bei der Hand, es soll der Individualismus sein.

So gelten etwa für Meinhart Miegel und Stefanie Wahl

individualistische Kulturen als besonders gefährdet hinsichtlich der Erzeugung gesellschaftlicher Solidarität. »Kennzeichen dieser Kulturen ist die extreme Betonung der Interessen des Einzelnen gegenüber der Gemeinschaft.« (Miegel/Wahl 1994, S. 13) Die Gestaltungswünsche der Individuen werden in einen Gegensatz zu den »Interessen der Gesellschaft« gerückt und daraus eine Gefährdung des gesellschaftlichen Zusammenhangs abgeleitet. Weitergehend entwickeln die Autoren die These, dass der Individualismus die Wurzel allen Übels moderner Gesellschaften ist. Es beginnt damit, dass Individualisierung zum Selbstzweck wird, Massenkommunikation die Gemeinschaft schwächt, Verstädterung die Vereinzelung fördert und die Mehrung individuellen Wohlstands Gemeinschaftsunabhängigkeit herbeiführt und damit das soziale Zusammenleben in einer Gesellschaft durch die in den Vordergrund tretende Selbstverwirklichung in Gefahr gerät, weil nun Autoritäten abgelehnt werden, religiöse Bindungen abnehmen und der Individualismus generell gegen Gemeinschaftsrechte gestellt und zwischenmenschliche Beziehungen gelockert werden. *Das Ende des Individualismus*, so der Titel des Buches von Miegel und Wahl, offeriert das Bild einer kulturell an ihr Ende gelangten modernen Gesellschaft, die ein notwendiges Opfer des Individualismus wurde. Entfaltet wird eine Verfallsgeschichte moderner individualistischer Kulturen.

Diese kurze Darstellung einer von vielen pessimistischen Deutungen der kulturellen Folgen individualistischer Kulturen wirft zwei Fragen auf: Was sagen andere empirische Studien zum Zustand der gesellschaftlichen Solidarität? Gibt es Alternativen zu diesem Individualismus? Beide Fragen haben die Soziologie von ihren Anfängen an beschäftigt. Vor allem wurde immer erörtert, wie soziale Bande zwischen Individuen entstehen und in welchem Ausmaß sie belastet werden können. Damit richtet sich die Aufmerksamkeit auf die Sozialintegration im Gegensatz zur Systemintegration (vgl. Lockwood 1964).

Systemintegration bezieht sich auf die Herstellung eines Zusammenhangs zwischen ausdifferenzierten Funktionsbereichen: Wie ist Koordination zwischen differenzierten Funktionssystemen wie Ökonomie und Politik, Familie und Religion, Massenmedien und Politik und so fort möglich? Eine Antwort besteht darin aufzuzeigen, welche Kommunikations- und Steuerungsmedien für die Koordination zur Verfügung stehen. Wie steuert beispielsweise das politische das wirtschaftliche Funktionssystem? Ein möglicher Weg führt über das Medium, das vermittelnde Instrument des Rechts. Im politischen System wird Recht produziert, welches für das wirtschaftliche System in Form von Verboten – etwa Kartell-Verbote – und Normierungen – beispielsweise DIN-Normen – Bedingungen festlegt, unter denen das Wirtschaftssystem operiert.

Demgegenüber fragt **Sozialintegration** nach dem Zusammenhang von Individualisierung und Solidarität, nach den Voraussetzungen der Entstehung zwischenmenschlicher Bindungen. Hier wird der Fokus auf die Herstellung von solidaritätserzeugenden Vergemeinschaftungsprozessen im Rahmen der Gesellschaft gerichtet. Das soziale Zusammenleben in modernen Gesellschaften zeichnet sich allerdings unter anderem durch eine erhebliche Anonymität im sozialen Verkehr aus. Vor allem in Großstädten kann man das gut beobachten. Es stellen sich unter diesen Bedingungen praktische Fragen: Wie kann diese Anonymität überwunden werden?

Behindert Anonymität beispielsweise couragiertes Eingreifen, wenn andere Menschen in Bedrängnis sind? Gefragt wird dabei indirekt nach der Solidarität mit den Mitmenschen.

Die Diskussion um den Zusammenhang zwischen Individualisierung und Solidarität konzentriert sich auf die Frage nach der Möglichkeit der Sozialintegration. Sie greift damit ein zentrales Thema der Soziologie auf. Bereits in den Schriften von Auguste Comte (1830–1842) wird der gesellschaftliche Konsens und, ähnlich wie in den Schriften der schottischen Moralphilosophie (vgl. Smith 1759), wechselseitige Sympathie der Menschen füreinander als Bindemittel zwischen ihnen beschrieben. Gesellschaftliche Integration wird hier vor allem als die Erzeugung sozialer Bindungen zwischen den Menschen aufgefasst.

An prominenter Stelle befasste sich **Emile Durkheim** in seiner Analyse der Arbeitsteilung (1893) mit der Frage, inwiefern sich Individualisierung mit der Erzeugung gesellschaftlicher Solidarität verträgt. Auch Durkheim erscheint gesellschaftliche Solidarität als eine Art Kitt, der das Auseinanderbrechen der Gesellschaft verhindert. Was geschieht aber mit diesem Kitt und der Gesellschaft, wenn Individualisierungsprozesse einsetzen? Diese Frage drängt sich vor allem in gesellschaftlichen Krisensituationen auf.

Für das Verständnis der Antwort Durkheims auf diese Frage ist es wichtig zu wissen, dass seine damalige Diskussion in einer gesellschaftlichen Krisensituation Frankreichs an der Wende zum 20. Jahrhundert erfolgt. »Die Frage, die am Anfang dieser Arbeit stand, war die nach den Beziehungen zwischen der individuellen Persönlichkeit und der sozialen Solidarität. Wie geht es zu, daß das Individuum, obgleich es immer autonomer wird, immer mehr von der Gesellschaft abhängt? Wie kann es zu gleicher Zeit persönlicher und solidarischer sein?« (Durkheim 1893, S. 82) Durkheim beantwortet diese Frage, indem er die Idee des Steigerungsverhältnisses (vgl. di Fabio 1991) einführt. Sie formuliert eine für die soziologische Diskussion um den Zusammenhang zwischen Individualisierung und Solidarität wichtige Annahme: Es ist kein Nullsummenspiel, das sich in der Relation beider Sachverhalte zum Ausdruck bringt. Mehr Individualisierung muss nicht notwendigerweise mit weniger Solidarität einhergehen. Das Gegenteil erscheint Durkheim richtig, und dies bringt die These vom Steigerungsverhältnis zum Ausdruck: Individualisierung und Solidarität können gleichermaßen beide zunehmen. Das bedeutet im Umkehrschluss: Individualisierung ist nicht unbedingt eine Gefährdung sozialer Solidarität.

Diese Antwort scheint aber das Problem – Individualisierung durch Arbeitsteilung – zur Lösung zu erklären. Ist Durkheims Vorschlag also möglicherweise eine Scheinlösung? Dieser Eindruck täuscht, denn Durkheim führt eine versteckte Annahme in seinen Überlegungen mit. Fortschreitende Individualisierung bewirkt nämlich über die damit verbundene Arbeitsteilung und berufliche Spezialisierung, dass die Individuen sich ihrer wechselseitigen Abhängigkeit voneinander bewusst werden (vgl. Joas 1992). Durch diese Einsicht entsteht wechselseitige Solidarität. Individualisierung und Solidarität sind deshalb in diesem Denkmodell miteinander verträglich.

Aber die in der *Arbeitsteilung* entwickelte Vorstellung ist für Durkheim keine Konstante geblieben. Denn nur wenige Jahre später kommt Durkheim in der Studie *Der Selbstmord*

(1897) zu einer Revision seiner positiven Interpretation des Zusammenhangs von Arbeitsteilung und Solidarität. Diese neue Einschätzung schlägt sich in einem zweiten, neuen und ergänzenden Vorwort zur *Arbeitsteilung* nieder. Es widerspricht in wesentlichen Teilen der Argumentation der ersten Ausgabe. Denn die Lösung des Solidaritätsproblems besteht für Durkheim jetzt nicht mehr in der Hoffnung auf die Wirkung der sozialen Arbeitsteilung. Vielmehr erscheint nun gerade die Arbeitsteilung das Problem zu verursachen. Als neue Lösung für die in der Selbstmordstudie sich zeigende Krise der gesellschaftlichen Solidarität schlägt Durkheim eine Stärkung korporatistischer Berufsgruppen – berufsgenossenschaftliche Zusammenschlüsse von Personen mit ähnlichen Berufen – vor. Die Ähnlichkeit der Mitglieder einer Berufsgruppe soll ein Anker für die Erzeugung wechselseitiger Solidarität werden.

Die Spannung zwischen den beiden Lösungsvorschlägen begleitet auch die gegenwärtige Diskussion um den Zusammenhang von Individualisierung und Solidarität. Auf der einen Seite stehen vorsichtige Optimisten. Ihnen gilt nur der zweite Lösungsvorschlag Durkheims als ein brauchbares Modell für die Gegenwart. Sie suchen nach sozialen Formen, die sozialen Kitt produzieren können. Vorschläge hierzu sind eine Stärkung der Zivilgesellschaft oder der Aufbau neuer Gemeinschaften, ebenso aber auch die Stärkung der Familie und die Wiedergewinnung traditionaler Werte im Umkreis des Kommunitarismus. Auf der anderen Seite stehen diejenigen, die entweder das Verhältnis von Individualisierung und Solidarität wie Durkheim in der *Arbeitsteilung* bereits gelöst sehen, oder aber, wie große Teile der Systemtheoretiker im Anschluss an Niklas Luhmann, das Problem der gesellschaftlichen Solidarität für ein Scheinproblem halten, weil gesellschaftlicher Zusammenhang auch ohne Solidarität möglich ist.

Vertreter der ersten Position sind für eine vertiefende Analyse des Zusammenhangs von Individualisierung und Solidarität auf die Unterscheidung von struktureller und kultureller Dimension angewiesen. Auf der strukturellen Ebene wird gefragt, welche Handlungspraxen weiterhin Momente solidarischer Orientierung mit sich führen, wie beispielsweise ehrenamtliche Tätigkeiten, freiwilliges Engagement oder aber Mitarbeit in Vereinen, in politischen Institutionen und Ähnlichem mehr, da dies Tätigkeiten sind, die eine Gemeinwohlorientierung enthalten. An der Verbreitung solcher Praktiken kann man ablesen, wie es um die Solidarität in einer Gesellschaft bestellt ist.

In Ermangelung langer Zeitreihen statistischer Informationen etwa über die Entwicklung des freiwilligen Engagements lassen sich im Zeitvergleich für die BRD derzeit keine Aussagen treffen. Deshalb kann die These Robert Putnams (1995), die den Verfall des sozialen Kapitals, der Ressourcen der Solidarität, in den USA vermutet – (sie bringt den Verfall im Bild des widersinnig erscheinenden Titels *Bowling Alone* zum Ausdruck – für die Bundesrepublik Deutschland derzeit nicht geprüft werden. Stattdessen ist es aber möglich, ein Bild des gegenwärtigen Engagements zu zeichnen, um im Anschluss zu untersuchen, ob das erkennbare Engagement ausreichend erscheint. Helmut Klages (2001b) hat eine solche Schätzung im Rahmen eines vom Bundesministerium für Familie, Senioren, Frauen und Jugend in Auftrag gegebenen repräsentativen »Freiwilligensurvey« vorgenommen. Er hat mit Daten für das Jahr 1999 untersucht, wie hoch der faktische Umfang des freiwilligen Engagements und des Engagementpotenzials ist.

Helmut Klages kann anhand des »Freiwilligensurveys« zeigen, dass 34 Prozent der Befragten in irgendeiner Weise ein freiwilliges Engagement – von der Vereinsmitgliedschaft bis zum freiwilligen sozialen Dienst – wahrnehmen. Addiert man, wer von den Engagierten künftig seine Tätigkeit ausweiten will und wer von den bislang nicht oder nicht mehr Engagierten bereit wäre, sich in Zukunft zu engagieren, dann erhält man das Engagementpotenzial. Das Engagementpotenzial der Bundesrepublik belief sich 2001 auf 37 Prozent der Bevölkerung (vgl. Klages 2001b, S. 200). Jeder Dritte war also bereit, sich zu engagieren. Wenn man die Engagementbereitschaft als Indikator für die Bereitschaft zu solidarischen Handlungen versteht, dann scheint gegenwärtig Individualisierung mit Solidarität vereinbar zu sein.

Diese Beurteilung unterliegt jedoch einer wichtigen Einschränkung. Denn die Verwendung von freiwilligem Engagement als Indikator für Solidaritätsbereitschaft überschätzt das Solidaritätspotenzial. Freiwilliges Engagement reicht von der Beteiligung an Sport (22 Prozent aller Engagierten) über Engagement für und in Freizeit und Geselligkeit (11 Prozent aller Engagierten) bis hin zur Beteiligung im sozialen, kirchlichen, politischen und gesundheitlichen Bereich (zusammen 26 Prozent aller Engagierten) (Rosenbladt 2001, S. 47). Erfasst werden also auch Formen des Engagements, in denen die Gemeinwohlorientierung eher gering oder gar nicht ausgeprägt ist.

Von dieser Diskussion ist die kulturelle Seite der Frage nach dem Zusammenhang von Individualisierung und Solidarität zu unterscheiden. Hier ist die Problematik des Wertewandels angesprochen. Eine Pluralisierung von Werten lässt es unwahrscheinlicher werden, dass die Mitglieder einer Gesellschaft sich denselben Werten verpflichtet fühlen. Wertewandel in diesem Sinne könnte eine Gefährdung solidarischer Beziehung auf der Basis gemeinsam geteilter Werte sein.

Mit **Wertewandel** ist gemeint, dass sich die dominierenden gesellschaftlichen Werte verändert haben. Der Amerikaner Ronald Inglehart (1977) zeigte, dass es einen Wandel von materialistischen zu postmaterialistischen Orientierungen gibt. Materialistische Orientierungen sind insbesondere solche, die die Sicherheit des Individuums in sozialer wie auch zwischenmenschlicher Hinsicht in den Mittelpunkt stellen. Postmaterialistische Orientierungen hingegen machen Werte der Selbstentfaltung und der Lebensqualität zur Leitlinie der Orientierung.

In Deutschland hat Helmut Klages (1984) diese Fragestellung mit etwas modifizierten Begriffen als Übergang von den Pflicht- und Akzeptanz- zu den Selbstentfaltungswerten rekonstruiert. Im Unterschied zu den Arbeiten von Ronald Inglehart ist der Ansatz der Forschung zum Wertewandel im Anschluss an Klages mehrdimensional. Das heißt, man geht davon aus, dass Materialismus und Postmaterialismus nicht einander entgegengesetzte Pole einer Dimension darstellen, sondern dass sie Ausdruck zweier verschiedener Orientierungsdimensionen sind. Auf diese Weise kann man erkennen, dass der Wertewandel zu einer Überlagerung verschiedener Wertedimensionen geführt hat, die sich in individuell verschiedenen Mischungsverhältnissen als Wertsynthesen (vgl. Klages 2001a) oder Mischtypen der Orientierung zeigen. Das sind Wertorientierungen, in denen entweder die

Orientierung am Materialismus sehr ausgeprägt und die am Postmaterialismus eher gering ist, oder die Orientierung am Materialismus gering und die am Postmaterialismus eher stark ausgeprägt ist.

Worin liegt der Vorteil, wenn man Mischtypen in der Analyse des Wertewandels zulässt? Die Hypothese Ingleharts ging davon aus, dass im Zeitverlauf die Anzahl der Postmaterialisten zunimmt und der Anteil der Materialisten zurückgeht. Auf Grundlage neuerer Analysen mit Hilfe des Eurobarometers gelang es allerdings Markus Klein und Manuela Pötschke (2000) zu zeigen, dass der Anteil der Postmaterialisten zwischen 1970 und 1997 entgegen der Prognosen Ingleharts nicht zugenommen hat und dass nur der Anteil der Materialisten rückläufig gewesen ist. Demgegenüber hat sich der Anteil der **Mischtypen** zwischen Materialisten und Postmaterialisten gesteigert. Dies deutet darauf hin, dass sie künftig für die Entwicklung des Wertewandels eine wachsende Bedeutung haben werden. Menschen orientieren sich offensichtlich sowohl an materialistischen wie auch an postmaterialistischen Werten.

Die Auswirkungen des Wertewandels manifestieren sich vor allem darin, dass es insgesamt zu einer Veränderung der Wertprioritäten kommt. Vergleicht man beispielsweise Erziehungsziele in der Bundesrepublik von 1951 bis 1995 miteinander, so zeigt sich, dass das elterliche Interesse an der Erzeugung von Gehorsam und Unterordnung – beide Werte stehen für die Dimension der Pflicht- und Akzeptanzwerte – immer mehr an Bedeutung verliert. Nannten 1951 25 Prozent aller Eltern dieses als ihr erstes Erziehungsziel, so sind dies 1995 nur noch 9 Prozent. Umgekehrt verhält es sich mit den Erziehungszielen Selbstständigkeit und freier Wille, die als grobe Indikatoren für Selbstentfaltungswerte herangezogen werden können. Hier hat sich von 1972, als 45 Prozent der Bevölkerung dieses Erziehungsziel allen anderen vorzogen, bis 1995, als dies 65 Prozent taten, eine deutliche Prioritätenverlagerung vollzogen (vgl. Klages 2001c, S. 730). Erkennbar ist, dass sich die Schere zwischen beiden Wertorientierungen immer weiter öffnet.

Was sind die Ursachen des Wertewandels? Eine generelle Ursache ist die von Max Weber beschriebene gesellschaftliche Rationalisierung. Sie führte zur Entzauberung und Entmystifizierung der Welt. Weiterhin ist die fortwährende Steigerung des Massenwohlstandes zu nennen, und, damit einhergehend, die »Medienrevolution« und die »Bildungsrevolution« (vgl. Klages 2001c, S. 701). Die Medienrevolution führt dazu, dass unser Leben immer mehr durch den Zugang zu Medien und die Information durch Medien bestimmt wird. Die Bildungsrevolution legt den Grundstein dafür, dass auf einer massenhaften Basis grundsätzlich eine Emanzipation des Subjekts aus vormals vorgegebenen Zwängen ermöglicht wird. Medien- und Bildungsrevolution treiben gemeinsam die Veralltäglichung neuer Wertorientierungen voran.

Diese hier nur skizzierten Entwicklungen sind Gründe, warum der Individualismus ein beständiges, kritisch beäugtes Entwicklungsmoment moderner Gesellschaften ist. Von Individualismus als einer kulturellen Figur ist hier die Rede, nicht mehr hingegen von Individualisierung. Individualismus ist Ausdruck eines **Kulturwertes**, in dem die Hochschätzung des Individuums zum Ausdruck kommt. Auf den Individualismus beruft sich, wer die Wertschätzung für die Freiheit und Autonomie des Individuums zum Ausdruck bringen will. Es ist hilfreich, verschiedene Formen des Individualismus zu unterscheiden.

Zwei Typen des Individualismus hat bereits Emile Durkheim skizziert. Eine Form ist der **utilitaristische Individualismus**: Er macht die Verfolgung und Maximierung eigenen Nutzens zur obersten Maxime der Handlungsorientierungen. Der Idealtyp dieses Individualismus ist der ökonomische Nutzenkalkulierer, für den die Bedürfnisse anderer Menschen nur in der Form der strategisch zu berücksichtigenden Randbedingungen für die Maximierung eigenen Nutzens auftauchen. Durkheim stellt diesem Individualismus eine zweite Form entgegen. Diese hält er für die Realisierung des »**eigentlichen**« **sozialen Individualismus**. »Der so verstandene Individualismus ist definitiv die Glorifizierung nicht des Ichs, sondern des Individuums im allgemeinen. Seine Triebfeder ist nicht der Egoismus, sondern die Sympathie für alles, was Mensch ist, ein größeres Mitleid für alle Schmerzen, für alle menschlichen Tragödien, ein heftigeres Verlangen, sie zu bekämpfen und sie zu mildern, ein größerer Durst nach Gerechtigkeit.« (Durkheim 1898, S. 60) Dieser empathisch bejahte Individualismus gilt ihm als Ausdruck eines Kults des Individuums. In ihm kommt die Wertschätzung des Menschen als Mensch zum Ausdruck. Durkheim stellt diese zwei Individualismusformen einander gegenüber und entfaltet in dieser Polarität ein Verständnis des Individualismus als einer sozialen und kulturellen Erscheinung, die sich in unterschiedlichen Ausprägungen manifestiert.

Beide Formen des Individualismus können auch als einander gegenüberliegende Pole der Orientierung des Individuums an sich selbst oder an der sozialen Ordnung aufgefasst werden. In dieser Form greift sie insbesondere die kommunitaristische Sozialtheorie (vgl. Joas 1995; Reese-Schäfer 2001) von **Amitai Etzioni** auf. Etzioni beschreibt den Vergesellschaftungszusammenhang als Spannung zwischen einer Orientierung an individueller Autonomie und der Orientierung an sozialer Ordnung. Die Grundspannung von Autonomie und Ordnung muss von jeder Gesellschaft bewältigt werden. Etzioni geht dabei von der Annahme aus, dass diese Bewältigungsversuche als zyklische Pendelausschläge zwischen Ordnung und Autonomie aufzufassen sind. Das heißt, dass eine Gesellschaft phasenweise eine stärkere Orientierung am Autonomiebestreben des Individuums fördert, während es andererseits Phasen gibt, in der die ordnungsstiftenden Orientierungen dominieren. Autonomie und Ordnung hängen als äußerste Pole einer Orientierungsdimension im Sinne einer »inversen Symbiose« (Etzioni 1997, S. 64) zusammen: je stärker die Orientierung an einem der Pole, um so schwächer die Kräfte, die auf den anderen Pol zusteuern. Mit der Idee der **inversen Symbiose** leitet er eine Verzeitlichung der Analysen zum Verhältnis von Individuum und Ordnung ein, weil die historische Wandelbarkeit der jeweiligen Relation von Individuum und Solidarität berücksichtigt wird.

Bezieht man dieses Modell auf das Beispiel des freiwilligen Engagements, so könnte man im Zeitverlauf ein schwankendes Ausmaß von Engagement erklären. Denn man kann, unter Berücksichtigung zusätzlicher Indikatoren, sagen, dass ein niedriges Ausmaß von Engagement Folge einer zeitlich befristeten Orientierung der Gesellschaft am Pol individueller Autonomie ist. Demgegenüber würde hohes Engagement für eine Orientierung am Pol sozialer

Ordnung sprechen. Wollte man noch weiter gehen, so könnte man auch versuchen, in Zeiten niedrigen Engagements »gegenzusteuern«, um die Engagementbereitschaft wieder zu erhöhen. Allerdings sind solche Steuerungsversuche im Hinblick auf Werte problematisch und haben nur geringe Erfolgsaussichten (vgl. Junge 1998), weil sie sich an der Veränderung sehr stabiler grundlegender Wertorientierung versuchen.

Die Annahme Etzionis, dass die jeweilige Verhältnisbestimmung von Individualisierung und Solidarität eine zeitabhängige Größe ist, die historisch wandelbaren Einflüssen unterliegt und sich als eine Pendelbewegung zwischen Autonomie und Ordnung darstellt, nimmt den Optimismus von Durkheims Steigerungsidee zurück und kehrt analytisch wieder zum Denkmodell des Nullsummenspiels zurück: Was die eine Seite gewinnt, verliert die andere; entweder mehr Individualisierung oder mehr Solidarität. Zugleich wird aber dieses Nullsummenspiel historisiert, das heißt, die Gewinn- und Verlustrechnung für die Ausprägung von Individualisierung und Solidarität kann im historischen Verlauf variieren.

Diese Feststellung trifft auch für eine frühe Stellungnahme zum Verhältnis von Individualisierung und Solidarität von Ulrich Beck zu. Bereits 1986 verwies dieser entschieden darauf, dass Individualisierung nicht Atomisierung bedeutet. Vielmehr erzeugt Individualisierung auch eine Reintegration des Individuums in neue Bindungsformen. Dies bringt deutlicher als Beck vor allem Christoph Lau zum Ausdruck. »Individualisierung bedeutet dabei zumindest immer zweierlei, nämlich Freisetzung von traditionalen Gemeinschaftsbindungen und reaktive, sekundäre Einbeziehung in neue Vergemeinschaftungsprozesse.« (Lau 1988, S. 21) Individualisierungsprozesse sind immer auch Prozesse der Wiedereinbindung, das heißt erneut: Neben Individualisierungstendenzen finden wir gleichzeitig Kollektivierungstendenzen (vgl. Hondrich 1997; Weymann 1989).

Sekundäre Vergemeinschaftungen ergeben sich aus Individualisierungsprozessen und schaffen neue Gemeinschaften, Neostämme, imaginäre Gemeinschaften, virtuelle Gemeinschaften, Partnerschaften auf Zeit oder freiwilliges soziales Engagement. Solche Tendenzen kommen in Konzepten wie des **altruistischen Individualismus** bei Beck (1997) oder des **solidarischen Individualismus** bei Helmuth Berking (1994) zum Ausdruck, genauso aber in den Überlegungen des Sozialpsychologen Heiner Keupp (2000) zur Entstehung neuartiger Solidarisierungs- und Gemeinschaftsformen in Form eines **kommunitären Individualismus.** Mit diesen Stichworten ist eine dritte Argumentationsfigur angesprochen, in der darauf verwiesen werden kann, dass Individualisierung und gesellschaftliche Solidarität einander nicht widersprechen müssen.

Diese dritte Argumentationsfigur knüpft an Durkheims Unterscheidung verschiedener Individualismusformen an. In der Form des altruistischen Individualismus – oder konkreter gesprochen im »für sich selbst sorgende[n] und sich in die Welt einmischende[n] Subjekt« (Keupp 2000, S. 12) – treffen wir eine Reformulierung des ursprünglich von Durkheim ausgearbeiteten empathischen Individualismusbegriffs. Das Individuum kümmert sich um seine eigenen Belange und ist doch zugleich der Welt und damit auch den Problemen seiner Mitmenschen zugewandt. Es zieht sich nicht aus seinem sozialen Engagement und seinen sozialen Verpflichtungen zurück, sondern bleibt weiterhin ein tätiger Mitbürger einer sich individualisierenden Zivilgesellschaft.

Das Wichtigste in Kürze

In der Diskussion um den Zusammenhang von Individualisierung und Solidarität kann man also mit Durkheim unterscheiden zwischen einem utilitaristischen Individualismus und einem Individualismus im empathischen Sinne, der die Liebe des Individuums zur gesamten Menschheit verkörpert. Durkheim tut dies im Rahmen einer Diskussion, die von der gleichzeitigen Steigerungsfähigkeit von Individualisierung und sozialer Solidarität ausgeht. Dieser Optimismus wird in der kommunitaristischen Sozialtheorie mit der Idee der inversen Symbiose aufgegeben. Individualisierung und Solidarität, Autonomie und Ordnung, scheinen zwei Pole des Vergesellschaftungsprozesses darzustellen, die jeweils zeitweise Priorität im Vergesellschaftungszusammenhang haben können. Die historische Entwicklung einer Gesellschaft kann als eine Pendelbewegung zwischen diesen beiden Polen aufgefasst werden. Auch mit dieser Argumentationsfigur besteht kein Anlass zur Annahme, dass aufgrund von Individualisierungsprozessen die gesellschaftliche Solidarität endgültig zerbricht. Eine solche Situation ist immer als zeitlich begrenzte Phase zu verstehen. Und drittens schließlich ist zu bedenken, dass Individualisierungsprozesse zu neuen Formen der Vergemeinschaftung, zu neuen Formen der Äußerung von Solidaritätsbeziehungen, führen können.

Auch der Zusammenhang von Individualisierung und Solidarität hat eine strukturelle und eine kulturelle Dimension. In der Strukturdimension verknüpfen staatliche Regelungen Individualisierung und Solidarität miteinander. Staatliche Maßnahmen erzwingen beispielsweise durch Umverteilungen im Rahmen des »Generationenvertrages« Solidarität zwischen den Generationen. Ebenso führt der Arbeitsmarkt indirekt zur Erzeugung von Solidarität, weil auch der Arbeitsmarkt als Nebenfolge Solidaritätsbeziehungen zwischen Individuen anregen kann, wie sie beispielsweise in der Existenz von Gewerkschaften zum Ausdruck kommen. Andererseits haben Solidaritätsbeziehungen auch eine kulturelle Dimension. Diese zeigt sich vor allem in den Vokabularen der Gemeinsamkeit. Dazu gehören der Rückgriff auf bestimmte kulturelle Vorstellungen vom Individualismus, für die der empathische Individualismusbegriff Durkheims oder der republikanische Individualismus in der kommunitaristischen Sozialtheorie Beispiele sind.

3.4 Der Wandel des Politischen

Das Verständnis von Politik als Staatspolitik scheint gegenwärtig Konkurrenz zu bekommen. Das neue Verständnis von Politik ringt mit der herkömmlichen Praxis um seine Anerkennung als ein weiterer politischer Einflussfaktor. Es reagiert gleichermaßen auf strukturelle Veränderungen der Politik wie nachlassende Wahlbeteiligungen und eine Zunahme unverfasster politischer Beteiligung wie auch auf die Veränderung der kulturellen Ebene der Interpretation von Handlungen als politischen Handlungen.

Mit Politik wird zumeist die zentrale gesellschaftliche Regulationsinstanz, der Staat, assoziiert. Denn staatliches Handeln reguliert Lebensläufe, ermöglicht und begrenzt soziale Ungleichheiten, greift in das Wirtschaftssystem ein und Ähnliches mehr. Das politische System gilt der modernen politischen Theorie mit je spezifischen Einschränkungen als die zentrale gesellschaftliche Steuerungsinstanz.

An dieser Vorstellung des politischen Systems hat nicht nur die Systemtheorie Zweifel geweckt (vgl. Luhmann 2000). Vor allem aber plädiert sie engagiert dafür, dass die Idee der Steuerung gesellschaftlicher Zusammenhänge durch das politische System eine Fiktion sei, weil Systeme sich zueinander wie Umwelten verhalten und es kein zentrales gesellschaftliches Steuerungssystem gebe. Vielmehr sei das Zusammenwirken gesellschaftlicher Systeme ein vielstimmiger Chor ohne eine erste Stimme.

Daneben gibt es eine Linie der Skepsis gegenüber der Dauerhaftigkeit des politischen Engagements der Staatsbürger angesichts von Individualisierung und Individualismus. Bereits Alexis de Tocqueville (1805–1859) berichtete in seiner Analyse der Demokratie Amerikas am Anfang des 19. Jahrhunderts von deren Folgen für das politische Gemeinwesen: »Der Individualismus ist eine überlegte und friedliche Anschauung, die jeden Staatsbürger geneigt macht, sich von der Masse zu isolieren und sich mit seiner Familie und seinen Freunden abseits zu halten; so überläßt er gern die große Gesellschaft sich selbst, nachdem er sich eine kleine Gesellschaft zum eigenen Gebrauch geschaffen hat.« (Tocqueville 1835, S. 238) Individualismus scheint also nicht nur eine mögliche Gefährdung der gesellschaftlichen Solidarität zu sein, sondern zugleich noch zu einer Abwendung von der

Politik und den politischen Fragen eines Gemeinwesen führen zu können.

Diese Befürchtung kann man mit empirischen Anhaltspunkten für die Gegenwart der BRD stützen. Anhand der Statistik zu den Bundestagswahlen kann man von 1972 bis 1990 einen Rückgang der Beteiligung erkennen, die danach, vermutlich einigungsbedingt, wieder etwas ansteigt (siehe Tabelle 3).

1972	1976	1980	1983	1987	1990	1994	1998
91,1	90,7	88,6	89,1	84,3	77,8	79,0	82,2

Tabelle 3: Beteiligung an den Bundestagswahlen (in Prozent) seit 1972 (Glaab/Kießling 2001, S. 575)

Offen bleibt bei dieser Betrachtung allerdings die Frage, die für die Gesamteinschätzung dieser Daten wichtig ist: Bedeuten sinkende Wahlbeteiligungen zugleich zurückgehendes Engagement für die Politik? Wenn man dies mit Hilfe weiterer Daten beantworten will, dann sind beispielsweise die Entwicklungen der Mitgliederzahlen der großen Parteien von Interesse. Diese hat Elmar Wiesendahl (1990) zusammengestellt und einen »Marsch aus den Institutionen« konstatiert. Nach diesen Angaben hat sich der Mitgliederbestand von SPD, CDU, CSU und FDP zusammengenommen seit einem absoluten Hoch von 1,939 Millionen Mitgliedern im Jahre 1980 mit Ausnahme einer kleinen Erholung 1983 beständig verringert und lag 1989 bei 1,835 Millionen Mitgliedern. Der hier erkennbare Schwund hat sich fortgesetzt, im Jahre 2000 liegt der Mitgliederbestand der vier Parteien bei nur noch 1,651 Millionen (Glaab/Kießling 2001, S. 578).

Parallel zur sinkenden Wahlbeteiligung ist also ein Schwund institutioneller Partizipation durch Parteimitgliedschaft zu verzeichnen. Dies legt zwei Vermutungen hahe: Entweder haben Individualisierung und Individualismus die von Tocqueville befürchteten Konsequenzen, oder aber diese Daten sind für eine Einschätzung der Konsequenzen für die Politik nicht geeignet, weil sich das Politikverständnis wandelt und die Wahlbeteiligung nicht länger ein geeigneter Indikator für politisches Handeln sind. Dieser zweiten Vermutung folgt eine Diskussion, die einen Gestaltwandel der Politik vermutet.

Sie nimmt vor allem Entwicklungstendenzen auf, die sich in neuen Formen politischen Handelns manifestieren. Dazu gehört seit den großen sozialen Bewegungen wie der Friedensbewegung, der Umweltbewegung und der Frauenbewegung eine Zunahme unverfasster politischer Beteiligung und Artikulation. Damit sind unkonventionelle Partizipationsformen gemeint, deren Spektrum von legalen bis zu illegalen Handlungsweisen reicht, beispielsweise die Teilnahme an Unterschriftensammlungen, Boykotts, Straßenblockaden und Demonstrationen. Gemeinsam ist diesen Formen, dass sie auf einer »pragmatischen Demokratieakzeptanz« (Glaab/ Kießling 2001, S. 572) aufbauen. Das heißt, dass Vertrauen in die Funktionsfähigkeit demokratischer Politik besteht, dieses aber um unkonventionelle Partizipationsformen ergänzt wird, weil nicht alle Interessen innerhalb des politischen Systems berücksichtigt werden. Die Durchsetzung politischer Interessen wird nicht länger nur in den herkömmlichen Kanälen der Mitarbeit in politischen Parteien und Großorganisationen gesucht, sondern auch der direkte Weg zur Einbringung politischer Interessen wird gewählt.

Die Gesamttendenz kann durch die Gleichzeitigkeit von Abwendung und Hinwendung gekennzeichnet werden. So geht beispielsweise die Wahlbeteiligung Jugendlicher gemäß Aussagen der Shell-Jugend-Studie (2000, S. 265) in Ost- und Westdeutschland kontinuierlich zurück. Gleichzeitig findet sich aber eine bemerkenswerte Hinwendung Jugendlicher zu anderen Formen politischer Mitwirkung wie etwa zu öffentlichen Diskussionen, Bürgerinitiativen, Hausbesetzungen, Unterschriftensammlungen. Das heißt, dass die herkömmliche Politikbeteiligung über Wahlen durch eine anders strukturierte politische Partizipation ergänzt wird.

Die in dieser Entwicklung zum Ausdruck kommende Dualität von konventioneller und unkonventioneller Beteiligung bietet einen Anhaltspunkt, um eine »gedoppelte Welt« des Politischen zu vermuten: »eine Welt der symbolträchtigen politischen Institutionen und eine Welt der politischen Alltagspraxis« (Beck 1993, S. 155). Diese zweifache Welt des Politischen kann anhand der konkurrierenden und koexistierenden Vorstellungen von Politik beschrieben werden.

Der klassische Politikbegriff richtet sich an »organisierte, korporatistische, also kollektive Akteure« (Beck 1993, S. 162). Er unterstellt, dass es politische Akteure gibt, die über institutionelle Kanäle die Wirkmächtigkeit ihres Handelns nutzen, um gesellschaftliche Verhältnisse zu gestalten. Im Gegensatz hierzu geht das neue Politikverständnis davon aus, dass das Ende dieses klassischen Politikmodells erreicht und die schrittweise Entstehung einer »**Subpolitik**« zu konstatieren sei. In dieser werden nun auch individuelle Akteure als Vertreter politischer Interessen in der Arena der Politik zugelassen oder kämpfen um ihre Zulassung.

»Subpolitik unterscheidet sich von Politik dadurch, dass (a) auch Akteure außerhalb des Politischen oder korporatistischen Systems auf der Bühne der Gesellschaftsgestaltung auftreten [...]; und (b) dadurch, das nicht nur soziale und kollektive Akteure, sondern auch Individuen mit jenen und miteinander um die entstehende Gestaltungsmacht des Politischen konkurrieren.« (Beck 1993, S. 162) Der Staat gilt im Verständnis der Subpolitik nur noch als einer neben anderen politischen Akteuren, und damit ist auch staatliches Handeln nur noch eine Form politischen Handelns neben anderen. Auf der Bühne der Politik tauchen nun soziale Bewegungen, Bürgerinitiativen, lokale Interessenorganisationen genauso auf wie einzelne Bürger. Die Arena der Politik belebt sich durch die entstehende Subpolitik, weil nun in rascher Folge und mitbeeinflusst durch mediale Aufmerksamkeit die politischen Themen wechseln.

Auf den ersten Blick scheint Subpolitik nur begrenzte Durchsetzungsfähigkeit zu haben. Individuelle Akteure und lokale Initiativen scheinen im Vergleich mit politischen Großorganisationen, Wirtschaftsverbänden oder politischen Parteien kaum über Macht und Einfluss zu verfügen. Aber dieser Eindruck täuscht. Subpolitik ist, wenn auch mit ungewöhnlicheren Mitteln, eine durchaus effektive Form politischen Handelns. So führte der gesellschaftsweite Protest im Zuge der Auseinandersetzung um die Verklappung der Ölbohrplattform Brent Spar zwischen Greenpeace und Shell dazu, dass massenhaft kein Benzin mehr von Shell gekauft wurde. Die Firma lenkte zuletzt ein und organisierte die Aussteuerung der Bohrinsel auf andere Weise, um die ökonomischen Schäden durch die Proteste in Grenzen zu halten. Dieser Protest, der einfach zu organisieren war, weil er auf der Kaufenthaltung ohne weitere Handlungsverpflichtungen aufbaute, ist ein Beispiel für Subpolitik. Denn jenseits der herkömmlichen Institutionen politischer Entscheidungsfindung wurde die Firma Shell dazu gezwungen, sich einem öffentlich artikulierten Interesse zu beugen, ohne dass diese Artikulation sich institutioneller Kanäle bediente. Dieser Prozess entzieht sich den herkömmlichen Formen politischer Entscheidungsfindung, einschließlich repräsentativer Meinungsbildung und Legitimierung. Subpolitik bezeichnet, das verdeutlicht das Beispiel der Auseinandersetzung um die Ölplattform, die Wirksamkeit nichtparlamentarischer Protest- und Artikulationsformen im Hinblick auf die Gestaltung gesellschaftlicher Verhältnisse.

Die Entstehung von Subpolitik nimmt als Konsequenz der Individualisierung individualisierte Individuen mit ihren Problemdefinitionen und Interessen in die politische Arena auf. Subpolitik verweist in diesem Sinne nochmals zurück auf die nach Giddens (1991) entstehende **reflexive Identität**. Sie gilt ihm als der Motor weiterer gesellschaftlicher und politischer Entwicklungen. Diese werden vor allem dadurch geprägt, dass reflexive Identitäten sich als Projekte entfalten, die auf existentielle und ethische Problemstellungen reagieren. Reflexive Identitäten sind eine Konsequenz des Übergangs zu postmaterialistischen Werten wie Selbstentfaltung und Lebensqualität. Es ist plausibel zu vermuten, dass reflexive Identitäten auch ein anderes Politikverständnis entfalten.

Analytisch differenziert erfasst Giddens die Dimensionen des neuen Politikverständnisses. Er unterscheidet zwischen emanzipatorischer Politik und life politics. Emanzipatorische Politik steht bei ihm für das klassische Politikmodell, während life politics für das neue Modell des Politischen steht.

Emanzipatorische Politik strebt in erster Linie nach der Gestaltung von Lebenschancen. Sie arbeitet auf die Lockerung von Fixierungen auf Tradition und Gewohnheiten zu, strebt die Reduzierung von Ausbeutung an und versucht Ungleichheit und Unterdrückung zu minimieren. Sie ist vorwiegend konzentriert auf die Verteilung von Macht und Ressourcen und richtet sich an Imperativen aus, die einer Ethik der Gerechtigkeit, Gleichheit und Teilhabe entsprechen (vgl. Giddens 1991, S. 215). Im Gegensatz hierzu zielen die neuentstehenden Formen von **life politics** darauf, dass politische Entscheidungen aus Freiheit erfolgen. Sie strebt nach der Realisierung moralisch begründbarer Formen des Lebens, die Formen der Selbstaktualisierung reflexiver Identitäten darstellen. Life politics orientiert sich nicht an einem gleichbleibenden ethischen Imperativ, sondern an einer in spezifischen Handlungsfeldern jeweils zu entwickelnden Antwort auf eine ethischen Problemstellungen: Sie zielt auf die Möglichkeit der Entfaltung von Lebensstilen, auf die Frage, wie wir leben möchten (vgl. Giddens 1991, S. 215).

Ein solches Politikverständnis reagiert insbesondere auf die Bedeutung existentieller Fragen. Diese hat Anthony Giddens am Ende seiner Ausführungen zum Zusammenhang von Modernität und Selbstidentität zusammengefasst (vgl. 1991, S. 227). Sie betreffen vor allem die Existenz, den Zusammenhang von individuellem und gemeinschaftlichem Leben und schließlich die Frage nach der Selbstidentität. Diese Fragen spannen ein weites Feld identitätsrelevanter Problemstellungen auf. Ihre Antworten sind Grundlage für die Gewinnung einer politischen Position und Ausgangspunkt für politisches Handeln. Ein solches Politikverständnis sprengt das herkömmliche institutionalisierte Politikverständnis, wenngleich damit noch nicht beantwortet ist, wie eine solche Idee von Politik organisatorisch umzusetzen wäre. Insofern ist die Feststellung von Thomas Meyer zugleich auch eine Problemskizze der gegenwärtigen Politik: »Das Politische als Entscheidungsmaterie scheint sich immerfort auszuweiten, während das Politische als Entscheidungsverfahren seine Grenzen offenbar seit langem erreicht hat.« (Meyer 1994, S. 221)

Das Verständnis von Subpolitik und life politics, das zeigen Ronald Hitzler und Martina Pfadenhauer zu Recht auf, verweist weiterhin indirekt auf das konventionelle Politikverständnis als ihrem Abgrenzungsbegriff (Hitzler/Pfadenhauer 1999, S. 48). Gibt man diese enge Verbindung auf, dann können Politik und politisches Handeln umfassender als »existentielle Strategie« (ebd., S. 49) definiert werden. Hier wird radikaler als in den Analysen von Beck und Giddens ein Wechsel der Analyseebene von der strukturellen Bestimmung der Politik und des politischen Systems zum kulturellen Verständnis des Politischen als eines Interpretationsrahmens von Handlungen vorgenommen. Dies zeigt sich beispielsweise an der Deutung der »Techno-Szene« und ihrer Anhänger als einer exemplarischen Form für »jene ›andere‹ Politik: sie sind posttraditional, postindustriell, postmodern« (ebd., S. 59), und sie vertreten eine »Politik der Unterscheidung« (ebd., S. 50), der es vor allem um die Unterscheidung von der herkömmlichen Politik und ihren Unterscheidungsstrategien zu tun ist.

Allerdings ist diese existentielle Strategie als Realisierung »eigensinniger« (Hitzler/Pfadenhauer 1999, S. 49) Neigungen und Präferenzen ein so weiter Politikbegriff, dass zuletzt alles als politisch erscheint. Ein solcher Begriff öffnet das Politische für Beliebigkeit und Willkür des »Privaten«. Die Frage ist dann nicht nur, *kann*, sondern auch *soll* die Transformation des Politischen im Zuge der Konkurrenz von Politik und Subpolitik so weit gehen.

Dieses neue Verständnis des Politischen mit seiner Aufnahme existentieller Reflexionen in die Politik hinein erweckt den Verdacht, dass sich das Private die öffentliche Sphäre unterwirft und sie kolonialisiert (vgl. Bauman 2001, S. 107). Der öffentliche Raum wird so zu einem Raum, der private Interessen spiegelt, ohne aber diese noch dialogisch zu klären und auf einen gesellschaftlichen Konsens zu dringen. Die Hauptgefahr einer solchen Kolonialisierung des öffentlichen Raums durch private Interessen besteht insbesondere darin, dass der öffentliche Raum eines seiner wichtigen Merkmale verliert: ein Raum öffentlichen Gesprächs über Vorstellungen bezüglich öffentlicher Interessen und Anliegen zu sein.

Das Wort privat wurde oben in Anführungszeichen gesetzt, weil die im Konzept der Subpolitik zum Ausdruck kommende Vorstellung von Politik nur noch begrenzt im Begriffspaar öffentlich/politisch-privat erfasst werden kann. Subpolitik, life politics oder ihre Zuspitzung in den existentiellen Strategien gehen davon aus, dass sich eine Grenze zwischen beiden Bereichen nicht mehr genau ziehen lässt und sowohl das Politische in die Privatsphäre eindringt wie auch umgekehrt das Private politisch wird. Verdeutlichen kann man dies an der Politisierung des Konsums durch Erwägung hinsichtlich seiner ökologischen Bewertung (vgl. Poferl 1999). Wird dieser Aspekt berücksichtigt, dann ist die

Entscheidung für den Kauf eines Kühlschranks ohne FCKW – oder für ökologisch angebautes Gemüse, den Verzicht auf ein Auto – auch eine politische Handlung, weil sie implizit für die Berücksichtigung ökologischer Belange im gesellschaftlichen Konsum eintritt. Und umgekehrt dringt das Politische mit solchen Entscheidungen in das Private ein. So stellt die Aufforderung zur Mülltrennung – oder die Ökosteuer auf Benzin, Pfand auf Dosen und Flaschen – eine Einwirkung des Politischen im privaten Bereich dar. Beide Prozesse sind miteinander verschränkt und bilden einen Zirkel sich wechselseitig bedingender Faktoren.

Einschränkend ist zu dieser Perspektive auf das Verhältnis zwischen dem Privaten und dem Politischen anzumerken, dass hier scheinbar politisches Handeln mit Politisierung identifiziert wird. Politisierung scheint sich aber eher für die Mobilisierung von Aktionsbereitschaft zu eignen, denn selbst bereits eine alternative Form politischen Handelns darzustellen. Doch trotz dieser Einschränkung können der Politik durch Politisierung auch Themen und Probleme aufgezwungen werden. So wurde durch die BSE-Krise das Thema des Fleischkonsums aus dem Bereich privater Geschmackspräferenzen herausgehoben und befristet zum Hauptarbeitsgebiet des Landwirtschaftsministeriums. Politische Wirkungen hatte bereits der drastische, bis zum vorübergehenden Markteinbruch führende Rückgang des Rindfleischverzehrs nach dem Auftreten der ersten BSE-Verdachtsfälle in der Bundesrepublik. Der Fleischkonsum wurde noch stärker zum politischen Thema, als sich die Diskussion auf die auch durch die Futtermittelindustrie beeinflusste Struktur des landwirtschaftlichen Sektors richtete.

Es gibt weitere Beispiele neuer Politikformen, die zeigen,

dass Politisierung auch zu kreativen Auseinandersetzungen in der politischen Arena führen kann. Das lässt sich an der von Berking und Neckel (1990) skizzierten Politik der Lebensstile aufzeigen. Diese Studie demonstriert am Bezirk Schöneberg/Berlin, welche Veränderungen der politischen Realität aus dem Einbezug existentieller Problemdefinitionen oder von Lebensstilen in die Politik resultieren. Die Studie zeigt ein feinmaschiges Netz von Beziehungen, Konfliktfronten und politischen Interessen, das sich auch gegenüber der lokalen und institutionalisierten Politik behaupten kann.

Das neu entstehende, wie auch immer zu bezeichnende Politikverständnis wirkt durch seine Konkurrenz mit dem herkömmlichen Verständnis von Politik auf dieses zurück. Das Verständnis der Politik als Staatspolitik muss sich deshalb an zwei »Fronten« zugleich abarbeiten: einer externen, die die Möglichkeiten nationalstaatlicher Politik einschränkt, und einer internen, der Konkurrenz mit Subpolitik und life politics. Von diesen Entwicklung ist vor allem das Selbstverständnis der Sozialdemokratie betroffen. Sie sucht mit der Entwicklung eines **dritten Weges** beide Frontlinien zu begradigen und ein Politikverständnis für das 21. Jahrhundert zu gewinnen.

Diese Linie der Diskussion ist in der Soziologie auch mit Anthony Giddens verbunden. Im Feld der Politik gehören hierzu etwa der britische Premierminister Tony Blair, der Kanzler der Bundesrepublik Deutschland Gerhard Schröder oder der Verteidigungsminister Rudolf Scharping.

Der **dritte Weg** versucht eine Alternative zu zwei einander bislang dichotomisch gegenüberstehenden Formen politischen Handelns zu entwickeln. Auf der einen Seite gibt es das Modell der klassischen Sozialdemokratie, die vorwiegend an den Möglichkeiten des Staates zum Eingriff in soziale und ökonomische Prozesse der Gesellschaft orientiert ist und kollektive Lösungen für gesellschaftliche Probleme zu entwickeln sucht. Die klassische Sozialdemokratie begreift Vollbeschäftigung und Gleichheit als ihre zentralen Werte und geht von einer umfassenden Idee eine linearer Modernisierung aus. Das Selbstverständnis konzentriert sich auf die Möglichkeiten des Staates, durch politische Maßnahmen Wohlstand und soziale Sicherheit zu garantieren. Dieses Politikmodell ist aus verschiedenen Gründen an ein Ende gekommen. Eine Ursache ist, dass der Nationalstaat aufgrund finanzieller Restriktionen, die durch den ökonomischen Globalisierungsprozess verstärkt werden, zur Rücknahme seiner Leistungsversprechungen gezwungen (vgl. Brock 1997) ist.

Demgegenüber steht ein neoliberales Politikmodell, welches exemplarisch in der Politik von Margaret Thatcher verkörpert wurde. Dieses Politikmodell plädiert für einen schlanken, einen minimalen Staat. Das bedeutet, dass der Staat sich möglichst Eingriffen in soziale und ökonomische Zusammenhänge zu enthalten habe, weil davon ausgegangen wird, dass der Markt ein geeignetes Steuerungsinstrument für alle ökonomischen und gesellschaftlichen Prozesse ist. Der Neoliberalismus geht davon aus, dass Ungleichheiten innerhalb der Gesellschaft hinzunehmen sind und der Wohlfahrtsstaat letztlich ein rein subsidiäres Sicherheitsnetz darstellen sollte.

Zwischen diesen beiden hier überzeichneten politischen Positionen sucht Anthony Giddens in *Der dritte Weg* (1999) eine Alternative zu entwickeln. Er beschreibt diese in Übereinstimmung mit der von ihm angenommenen wachsenden

Bedeutung ethischer Problemstellungen für die Politik durch eine Skizze ihrer zentralen Werte. Diese orientieren sich an Gleichheit, am Schutz der Schwachen und Verletzlichen, möchten gleichzeitig die Freiheit selbstbestimmten Handelns fördern und insistieren darauf, dass Rechten immer auch Verpflichtungen gegenüberstehen (vgl. Giddens 1999, S. 82). Der dritte Weg zielt auf einen neuen, den nach dem Fall der Berliner Mauer »feindlosen« Staat, indem er für eine Verlagerung der Macht von oben nach unten und eine »Demokratisierung der Demokratie« plädiert, die unter anderem eine stärkere Berücksichtigung von Verfahren direkter Demokratie einschließt. Ähnlich wie von den Vertretern des Kommunitarismus wird in diesem Zusammenhang eine Erneuerung der Zivilgesellschaft gefordert, die sich der Erneuerung lokaler Gemeinschaften, der Stärkung des gemeinnützigen Sektors und der Entwicklung einer »demokratischen Familie« widmen soll (vgl. Giddens 1999, S. 94–96).

Diese Konzeption wurde vor allem dafür kritisiert, dass das entwickelte Pogramm eher unspezifisch geblieben sei und die Perspektive der alten Sozialdemokratie nicht mehr bewahren würde und sich daher sowohl wirtschaftspolitisch dem Neoliberalismus annähern als auch in politischer Hinsicht zum Konservatismus neigen würde (vgl. Giddens 2000, S. 31–35). Unabhängig von diesen kritischen Anmerkungen ist aber festzuhalten, dass der dritte Wege eine Strategie sozialdemokratischen Denkens auf der Suche nach politischen Reaktionsformen auf Individualisierung, Globalisierung und reflexiver Modernisierung ist. Es fehlen diesen Vorschlägen bislang allerdings Hinweise, wie sie institutionell umgesetzt werden können. Insofern sind sie eine

Herausforderung an kreatives politisches Denken, der zu genügen aber nicht allein die kritische Stellungnahme zu den Ideen des dritten Weges ausreicht.

Auffallend ist auch, dass die Vorstellung des dritten Weges starke Ähnlichkeiten mit den kommunitaristischen Vorstellungen über eine aktive Zivilgesellschaft im Rahmen moderner Gesellschaften aufweist. »Der Kommunitarismus scheint deshalb ein besonders gut geeigneter Kandidat für die Programmatik eines dritten Weges zu sein, weil er zum einen den Etatismus und zum anderen den Individualismus kritisiert. Unter Etatismus wird vor allem der zentralistisch agierende Staat der Wohlfahrts- und Daseinsvorsorge verstanden, mit dem kritisierten Individualismus die Vorstellung eigennutzmaximierender Individuen verbunden, denen es an den sozialen Tugenden von Solidarität und Bürgersinn gebricht.« (Vorländer 2001, S. 21) Das kommunitaristische Politikverständnis trifft sich mit den Überlegungen zum dritten Weg von Anthony Giddens aber auch mit den Vorstellungen Ulrich Becks zur Subpolitik. Den Kritiklinien ist gemeinsam, dass ihnen, aus allerdings verschiedenen Gründen, die Krise der Politik als eine Krise des klassischen Politikbegriffs erscheint.

Das Wichtigste in Kürze

Individualisierungsprozesse führen in den Augen der Protagonisten von Subpolitik oder life politics nicht zu einer Krise der Politik, sondern vielmehr zu einer Veränderung des Politischen. Diese verstärkt die Konkurrenz zwischen unterschiedlichen Vorstellungen von Politik und politischem Handeln. In dieser Konkurrenz werden weitreichende Veränderungen gesellschaftlicher Ordnungs- und Organisationsmuster angesprochen. Sie gilt es aber zuerst zu entdecken und zu beobachten, bevor sie als ein generalisierbares Muster des künftigen Politischen interpretiert werden können. Dies liegt vor allem daran, dass es bislang keine Vorstellungen darüber gibt, wie Handlungen institutionalisiert werden können, deren Intention unter anderem darin besteht, nicht institutionalisiert zu werden (vgl. Hitzler/Koenen 1994; Junge 1996).

Auch die Veränderungen im Bereich der Politik und des politischen Systems können nach einer Struktur- und einer Kulturdimension differenziert behandelt werden. Auf der strukturellen Ebene verändern sich die Rahmenbedingungen nationalstaatlicher Politik gravierend. So wird die Handlungsfähigkeit der Nationalstaaten durch Prozesse vor allem ökonomischer Globalisierung eingeschränkt, weil ihnen Ressourcen entzogen werden, die sie für souveränes Handeln innerhalb des Nationalstaates benötigen würden. Dieser Prozess geht mit Veränderungen der rechtlichen Rahmenbedingungen staatlichen Handelns einher. Beispielsweise ist der Prozess der Entstehung der Europäischen Union auch ein Prozess, in dem übernationale Rechtsregeln die Möglichkeiten nationalstaatlicher Rechtssetzung beschränken und dirigieren. Das Recht der Europäischen Union hat in weiten Teilen bereits Vorrang vor dem Recht der Bundesrepublik Deutschland. Dieses Verhältnis von unter- und übergeordnetem Recht findet sich auch im Zusammenhang des Weltrechts. Der Globalisierungsprozess hat auch hier Verschachtelungen und neue hierarchische Anordnungen zwischen verschiedenen nationalen, transnationalen und internationalen Rechtsformen geschaffen, die die autonome Handlungsfähigkeit des Nationalstaates weiter einschränken.

Hinzu kommen Veränderungen innerhalb der politischen Arena der einzelnen Nationalstaaten.

In der kulturellen Dimension verändert sich vor allem das Verständnis des politischen Handelns. Im herkömmlichen Politikverständnis gilt vor allem staatliches Handeln als politisches Handeln, weil es auf die Herstellung eines einheitlichen Geltungsbereichs von sozialen und rechtlichen Regelungen im Rahmen eines Nationalstaates mit Hilfe von Macht zielt. Dies gilt für das sich entwickelnde neuere Verständnis politischen Handelns nicht mehr. Hier dominieren unverfasste, kurzfristige und wenig verbindliche Beteiligungsformen. Politisches Handeln ist dann eine Form der Selbstartikulation von Interessen, Problemen und existentiellen Erfahrungen, die Eingang und Berücksichtigung im politischen System suchen. Deshalb ist es eine der vordringlichen gesellschaftspolitischen Aufgaben, in diesem Prozess eine Verzahnung von kultureller Veränderung im Verständnis politischen Handelns mit den Strukturen des politischen Systems herzustellen. Diese Problemstellung ist Ausdruck des gegenwärtigen Gesamtbildes einer Politik in der Transformation.

4 Diskussion

Ein grundsätzliches Problem kennzeichnet die Diskussion um die Individualisierung: die wissenssoziologische Falle. Darunter wird hier unter Rückgriff auf die Tradition der Wissenssoziologie seit Karl Mannheim (1925) verstanden, dass auch soziologische Begriffe historisch situierte Begriffe sind. Wenn Begriffe nicht geschichtsunabhängig formuliert werden können, so stellt sich für die soziologische Erforschung zeitgeschichtlicher Zusammenhänge das Problem, dass man nicht unterscheiden kann, ob sich die Realität oder die Begrifflichkeit verändert hat. Das heißt, die wissenssoziologische Falle besteht darin, dass wir nicht entscheiden können, ob wir eine Konstanz sozialstruktureller Entwicklungsprozesse und Merkmale haben oder ob die Individualisierungskonzeption nichts anderes als eine terminologische Umorientierung auf der semantischen Ebene ist, die uns die Phänomene anders sehen lässt. Diese missliche Lage fordert dazu heraus, Lösungsvorschläge für dieses Problem zu entwickeln. Diese Herausforderung hat die Soziologie bislang nicht angenommen. Über erste Ansätze etwa in Arbeiten von Peter A. Berger (1987) zu Klassifikationssystemen ist die Soziologie bislang nicht hinausgekommen. Hier liegt ein dringlicher, durch den Individualisierungsprozess aufgeworfener Forschungsbedarf.

In der Rezeption der Diskussion sind vor allem zwei Sachverhalte Gegenstand der kritischen Auseinandersetzung. Einerseits wird auf eine unzureichende analytische Klarheit in der Formulierung der Individualisierungsthese insbesondere in den Schriften von Ulrich Beck hingewiesen. Auf der anderen Seite ist in empirischer Hinsicht bislang keine eindeutige Aussage darüber möglich, ob Individualisierung einen dominierenden Entwicklungsprozess in den hochindustrialisierten Gegenwartsgesellschaften darstellt.

Die Unklarheiten der theoretischen Formulierung der Individualisierungsdiagnose haben eine Vielzahl von Untersuchungen auf den Plan gerufen mit dem Ziel, sie analytisch präziser zu erfassen. Von diesen sind insbesondere die Versuche von Nicola Ebers (1995) und Markus Schroer (2001) zu erwähnen. Beide arbeiten mit den Mitteln der Gegenüberstellung klassischer und gegenwärtiger soziologischer Individualisierungsbegriffe, um die letzteren klar explizieren zu können. Trotz solcher und ähnlicher Versuche ist es bislang nicht gelungen, eine auch nur näherungsweise einheitliche Bestimmung des Gemeinten zu erreichen. Dies liegt vor allem daran, dass der Begriff vorwiegend als Allgemeinbegriff einer umfassenden Zeitdiagnose aufgefasst wird.

Die Aufklärung des Phänomens Individualisierung wird weiterhin erschwert, weil Individualisierung ein Begriff ist, der in drei verschiedenen Abstraktionsebenen Verwendung findet. Erstens ist Individualisierung ein Oberbegriff für die Gesamtheit der Diskussion, zweitens ist er ein Begriff zur zusammenfassenden Kennzeichnung der gegenläufigen Tendenzen von Individualisierung und Kollektivierung. Drittens schließlich ist Individualisierung ein Begriff, der bereichsspezifisch in einzelnen Bindestrichsoziologien in einem jeweils spezifischen Sinn angewandt wird.

Diese Vielschichtigkeit des Begriffs hat die Diagnose zum Anschlusspunkt für vielerlei Diskurse in gesellschaftstheoretischer Hinsicht gemacht. Insofern ist die Unschärfe der analytischen Formulierung der Individualisierungsdiagnose zugleich ein Gewinn für die Diskussion gewesen. Dies darf allerdings nicht als ein generelles Plädoyer für die Fruchtbarkeit vager Begrifflichkeiten missverstanden werden.

Neben diesen Einwänden aus der theoretischen Perspektive gibt es im Hinblick auf die empirische Diskussion über Individualisierung einen allgemeinen und viele spezielle Aspekte. Der allgemeine Aspekt ist, dass eine Prüfung der Individualisierungsdiagnose in empirischer Hinsicht sowohl bestätigende wie auch zweifelerweckende Befunde hervorbringt. Dies ist darauf zurückzuführen, dass Individualisierung Ausdruck der Zusammenfassung von einander entgegengesetzten Entwicklungstendenzen ist.

Die speziellen Aspekte der Kontroversen um die Individualisierung finden sich in Beiträgen aus der Familiensoziologie, der politischen Soziologie, der Jugendsoziologie und vieler anderer Bindestrichsoziologien um die empirische Stimmigkeit der Diagnose. Ohne weiter ins Detail dieser Diskussionen zu gehen, sei darauf hingewiesen, dass auch in den spezifischen Bereichen in der Struktur- wie auch in der Kulturdimension gegensätzliche Entwicklungstrends auffindbar sind. In empirischer Hinsicht kann dies als Aufforderung verstanden werden, Individualisierung als Anhaltspunkt zu benutzen, um die Vielgestaltigkeit der sozialen Entwicklungsprozesse zu beobachten.

Wendet man sich dem ersten spezifischen Bereich und seiner These zu, der sozialstrukturellen Individualisierung, so ist dies das thematische Feld, in dem die Lösung des Problems der wissenssoziologischen Falle am dringlichsten erscheint. Die Diskussion über die Angemessenheit von Klasse, Schicht, Milieu oder Lebensstil ist weiterhin ungeklärt. Unabhängig davon, ob man ein klassentheoretisches oder ein lebensstiltheoretisches Vokabular bevorzugt, ist zu klären, wie es zum Paradigmenwechsel und der Hinwendung zu einer kulturtheoretischen Erforschung sozialer Ungleichheiten bei gleichgebliebenen gesellschaftlichen Ungleichheitsrelationen gekommen ist.

Der Diskurs um Lebenslauf, Identität und die private Lebensführung führt vor allem zu einer Anschlussfrage: Wie will die Soziologie angesichts von Individualisierung künftig mit ihrer handlungstheoretischen Orientierung umgehen? Bislang hat die Soziologie vorwiegend mit dem Handlungskonzept gearbeitet. Dabei wird jedoch das individuelle Erleben in der Betrachtung übergangen. Es ist aber eine im Zuge von Individualisierungsprozessen zunehmend bedeutsamer werdende Quelle der Motivation von Handlungen. Wie kann das Erleben in die Perspektive der Soziologie eingebaut werden? Hier steht theoretische Integrationsarbeit an, die bislang nicht geleistet wurde.

Die Diskussion über das Verhältnis von Individualisierung und Solidarität berührt einen weiteren Problempunkt. Er betrifft die in der Diskussion zumeist zugrunde gelegte Idee des Steigerungsverhältnisses, also der These, dass wachsende Grade von Individualisierung mit einer Vermehrung gesellschaftlicher Solidarität einhergehen können. Eine erste Einschränkung dieses weitreichenden und für die gesellschaftliche Entwicklung sehr optimistischen Konzepts wurde in Etzionis Idee der inversen Symbiose vorgenommen. Mit dieser Idee wird das Steigerungsverhältnisses gebrochen, indem Grenzen für die Steigerungsfähigkeit angegeben werden. Fraglich bleibt aber auch in diesem Modell, inwiefern es überhaupt einen notwendigen Zusammenhang zwischen Individualisierungsprozessen und gesellschaftlicher Solidarität gibt. Denn man kann die Entstehung sozialer Ordnung auch ohne Rückgriff auf das Konzept der Solidarität rekonstruieren (vgl. Junge 2000) und zeigen, dass Solidarität nur in bestimmten Teilordnungen der Gesellschaft ein unverzichtbares Merkmal gesellschaftlichen Zusammenhangs ist.

Wie wirken sich Individualisierungsprozesse auf das Verständnis des Politischen aus? Wenn Subpolitik, life politics, oder die Politik der Lebensstile als Veränderungsmomente im Feld der Politik Anerkennung finden, dann stellt sich die Frage, wie diese mit der klassischen Politik verbunden werden können. Auf welche Weise können die Intentionen und Interessen des neuen Politikverständnisses in das politische Handlungsfeld eingefügt werden? Wie können existentielle Fragestellungen und ihre individuelle Beantwortung in den politischen Gestaltungsprozess einfließen? Dies legt eine demokratietheoretisch brisante Anschlussfrage nahe: Wie können herkömmliche repräsentativ legitimierte politische Akteure mit nicht-repräsentativ legitimierten politischen Akteuren zusammenwirken und Entscheidungen erzeugen, die weiterhin als demokratisch legitimiert gelten können?

Fasst man die Diskussion insgesamt zusammen, so bietet sich ein Beispiel an, um nochmals die vier Aspekte von Individualisierungsprozessen zu verdeutlichen. Ich greife zu diesem Zweck auf eine Arbeit von Günter Burkart und Martin Kohli von 1992 zurück. Sie beschrieben in ihrem Buch *Liebe, Ehe, Elternschaft. Die Zukunft der Familie* die Geschichte der Familie und neuzeitlicher Partnerschafts- und Lebensformen. Dabei führten sie auch biographische Interviews mit Männern und Frauen verschiedenen Alters aus unterschiedlichen sozialen Milieus der Bundesrepublik Deutschland, um diese dann zu typischen Verläufen und Formen von Partnerschaften und Lebensgemeinschaften zu verdichten. Am folgenden Beispiel können die vier Aspekte der Individualisierung noch einmal verdeutlicht werden.

»Das Modell der individualisierten Partnerschaft entspricht auf der allgemeinen Ebene den Paarbeziehungen im Akademikermilieu am besten. Zur individualisierten Partnerschaft kommt es, wenn beide Geschlechtspartner in einer Beziehung ein bestimmtes Maß an Individualität und Entscheidungsautonomie erreicht haben und auch eine weitgehende Angleichung der Lebensentwürfe beider Partner erreicht ist: Frauen sollen prinzipiell dieselben Lebensziele haben können wie Männer. Am stärksten fortgeschritten ist diese Entwicklung bei jenen Paaren, wo beide ein Hochschulstudium abgeschlossen haben und in der Lage sind, damit jeweils eigenständig nicht nur genug Geld zu verdienen, sondern auch ein über den Beruf erfülltes Leben zu führen, also etwa eine Kinderärztin und ein Gymnasiallehrer; eine Systemanalytikerin und ein Manager; oder eine Fernsehredakteurin und ein Hochschullehrer.

Der Hauptaspekt der individualisierten Partnerschaft ist die Konzentration beider Partner auf ihre berufliche Karriere, welcher der Vorrang vor der Familie eingeräumt wird. Das bedeutet häufig Kinderlosigkeit oder Delegation der Kinderbetreuung an Dritte. Selbst für die Partnerschaft kann nur ein begrenzter Teil der kostbaren Zeit geopfert werden, und typischerweise haben diese Workaholics auch selten ein völlig arbeitsfreies Wochenende, wie überhaupt Berufszeit und ›Freizeit‹ sehr schwer zu trennen sind. Selbst im Flugzeug kann die nächste berufliche Besprechung noch problemlos vorbereitet werden – der Laptop macht's möglich, in dem alle nötigen Unterlagen auf engstem Raum gespeichert sind.

Die Normalform der individualisierten Partnerschaft ist das kinderlose Akademikerpaar, das verheiratet ist und einen gemeinsamen Haushalt führt: Beides bringt Vorteile mit sich, die auch der beruflichen Arbeit zugute kommen.« (Burkart/Kohli 1992, S. 254–255)

Der erste Bereich der Untersuchung bezog sich auf das Phänomen der sozialstrukturellen Individualisierung. An der idealtypisch vorgestellten Familienkonstellation lässt sich zeigen, dass hier ein partnerschaftlicher Aufstieg und eine dadurch ermöglichte freie Wahl des Lebensstils verwirklicht wird. Dieser beruht auf einem über berufliche Tätigkeit abgesicherten relativ hohen Einkommen. Durch die Gemeinsamkeit des Einkommenserwerbs fällt dieses noch höher aus. Die Individualisierung der Sozialstruktur zeigt sich hier an der individuellen Nutzung ökonomischer Chancen, um daran anknüpfend partnerschaftlich einen individualisierten Lebensstil zu entwickeln.

Dieser aufwendige Lebensstil wird oder ist mit Kinderlosigkeit verbunden. Diese ist – und das verweist bereits auf den zweiten Bereich: die Frage nach Identität, Biographie, Lebenslauf und Familienbildung – heutzutage eine freie Entscheidung. In früherer Zeit, beispielsweise in den fünfziger oder sechziger Jahren, wäre eine solche Entscheidung kaum möglich gewesen. Kinder waren – auch aus ökonomischen Gründen – ein notwendiger Bestandteil der Entwicklung der privaten Lebensführung. Kinderlosigkeit ist im gewählten Beispiel eine freie Wahl angesichts der den beiden Lebenspartnern aufgegebenen Zwangssituation einer Entscheidung zwischen Berufs-, Partner- und Kinderorientierung. In diesem Rahmen hat das skizzierte idealtypische Akademikerpaar eine Grundsatzentscheidung für Kinderlosigkeit getroffen und konzentriert seine Energie auf den Beruf. Die Berufsorientierung bringt jedoch möglicherweise nicht nur Kinderlosigkeit, sondern auch eine Einschränkung der Ansprüche an die gemeinsame Partnerschaftsbeziehung mit sich.

Eine freiwillige Entscheidung im Dreieck aus Berufs-, Partner- und Kinderorientierung für welchen der Pole auch immer hat zwingend Konsequenzen für das Gesamtarrangement im Dreieck. Am Zusammenhang von Berufs-, Partnerschafts- und Kinderorientierung lässt sich die prekäre Balance von Freiheit zur Wahl und Zwang der Wahl erkennen. Letzteres heißt vor allem, die sich aus einer freien Wahl ergebenden Konsequenzen anzunehmen, denn jede Entscheidung schließt andere denkbare Alternativen aus. Sie schränkt damit den Spielraum weiterer Wahlentscheidungen ein, um die Betroffenen zugleich mit den Konsequenzen der getroffenen Entscheidung zu konfrontieren.

Jeder Entschluss innerhalb dieses Dreiecks hat Auswirkungen auf das Verhältnis zu den beiden anderen möglichen Orientierungen. Die Priorität des Berufs vor Partnerschaft und einem möglichen Kinderwunsch führt zur Zurückstellung der partnerschaftlichen Orientierung und möglicherweise zum Hinauszögern oder gar dem Verzicht auf gemeinsame Kinder. Eine Entscheidung für die Priorität der Partnerschaft stellt die Orientierungen am Beruf und an Kindern zurück. Und eine Entscheidung für Kinder verändert zudem noch die Balance zwischen den Partnern, denn zumeist ist einer der Partner – in der Regel immer noch die Frau – dann zumindest befristet auch zur Zurückstellung seiner Berufsorientierung genötigt. Insofern ist die Kehrseite durch Individualisierung ermöglichter freier Entscheidungen immer zugleich auch der Zwang, aus diesen Entscheidungen resultierende Konsequenzen in Kauf zu nehmen.

In der möglichen Dominanz beruflicher Orientierungen wird zugleich implizit das Verhältnis von Individualisierung und Solidarität – der dritte Bereich – angesprochen. Die Vorstellung einer Dominanz von beruflichen Zielen weckt sofort das im Rahmen der kommunitaristischen Sozialtheorie ausgesprochene Unbehagen am Überhandnehmen eines rationalen, rein strategischen Kalküls im Umgang mit Menschen, für das der utilitaristische Nutzenkalkulierer als Idealtyp steht. Es wird vermutet, dass die Dominanz beruflicher Orientierung die Bereitschaft zur Wahrnehmung paarübergreifender Solidarbeziehungen reduziert. Dies muss aber nicht notwendigerweise so sein, denn Ergebnisse neuerer Untersuchungen zum freiwilligen Engagement haben gezeigt, dass gerade Hochqualifizierte verstärkt soziales Engagement und damit eine Form der Solidarität beweisen.

Über den Wandel des Politischen – den vierten Diskussionsbereich – scheint diese Skizze einer typischen individualisierten Akademikerehe im ersten Moment wenig auszusagen. Und doch kommt gerade in der individualisierten Akademikerehe eine mögliche Veränderung des Politischen zum Ausdruck, und zwar in Gestalt der konkreten Ausformung der Ehe. Denn auch in einer solchen Ehe sind Minimalabsprachen über häusliche Arbeitsteilungen, familiäre Interaktionen, familiäre Interaktionsordnungen, die Abstimmung von Beruf und Privatleben notwendig. Diese Diskussionen holen letztlich politische Fragen, etwa zur Abgrenzung von Privatheit und Öffentlichkeit oder Fragen über die Vereinbarkeit von Beruf und Privatleben, in die Partnerschaft hinein. Umgekehrt muss sich die Politik solchen Fragen des alltäglichen Lebens zwingend stellen.

Individualisierung stellt sich in den vier ausgewählten Diskussionsbereichen immer als eine Einheit aus Freiheit und Notwendigkeit, freier Wahl und Zwang dar. Deshalb ist sie auf der strukturellen und kulturellen Ebene der gesellschaftlichen Veränderungen vor allem als ambivalent zu kennzeichnen. Individualisierungsprozesse lassen sich insgesamt als Einheit von Gegensätzen in der gesellschaftlichen Entwicklung beschreiben, die es in der individuellen und kollektiven Auseinandersetzung mit strukturellen und kulturellen Möglichkeiten und Begrenzungen zu bewältigen gilt.

Individualisierung ist deshalb für die Soziologie ein Ausgangspunkt für empirische und theoretische Auseinandersetzungen über die Entwicklung der Gesellschaft. In der Unabgeschlossenheit dieser Auseinandersetzung liegt ihr Gewinnversprechen: den Forschungsprozess in theoretischer und empirischer Hinsicht für gesellschaftliche Veränderungen offen zu halten.

Literatur

Baethge, Martin (1985): Individualisierung als Hoffnung und als Verhängnis. Aporien und Paradoxien in spätbürgerlichen Gesellschaften oder: die Bedrohung von Subjektivität. In: *Soziale Welt*, Jg. 36, H. 3, S. 299–312.

Bauman, Zygmunt (2001): *The Individualized Society*. Cambridge: Polity Press.

Bayer, Hans (1976): Zur Soziologie des mittelalterlichen Individualisierungsprozesses. Ein Beitrag zu einer wirklichkeitsbezogenen Geistesgeschichte. In: *Archiv für Kulturgeschichte*, Jg. 58, S. 115–153.

Beck, Ulrich (1983): Jenseits von Stand und Klasse? Soziale Ungleichheiten, gesellschaftliche Individualisierungsprozesse und die Entstehung neuer sozialer Formationen und Identitäten. In: Reinhard Kreckel (Hrsg.): *Soziale Ungleichheiten* (Soziale Welt, Sonderband 2). Göttingen: Schwartz, S. 35–74.

Beck, Ulrich (1986): *Risikogesellschaft. Auf dem Weg in eine andere Moderne*. Frankfurt am Main: Suhrkamp.

Beck, Ulrich (1993): *Die Erfindung des Politischen. Zu einer Theorie reflexiver Modernisierung*. Frankfurt am Main: Suhrkamp.

Beck, Ulrich (1997): Kinder der Freiheit. Wider das Lamento über den Werteverfall. In: Ulrich Beck (Hrsg.): *Kinder der Freiheit*. Frankfurt am Main: Suhrkamp, S. 9–33.

Beck-Gernsheim, Elisabeth (1986): Von der Liebe zur Beziehung?

Veränderungen im Verhältnis von Mann und Frau in der individualisierten Gesellschaft. In: Johannes Berger (Hrsg.): *Moderne oder Postmoderne.* (Soziale Welt, Sonderband 4). Göttingen: Schwartz, S. 209–233.

Berger, Peter A. (1986): *Entstrukturierte Klassengesellschaft? Klassenbildung und Strukturen sozialer Ungleichheit im historischen Wandel.* Opladen: Westdeutscher Verlag.

Berger, Peter A. (1987): Klassen und Klassifikationen. Zur »neuen Unübersichtlichkeit« in der soziologischen Ungleichheitsdiskussion. In: *Kölner Zeitschrift für Soziologie und Sozialpsychologie,* Jg. 39, H. 1, S. 59–85.

Berking, Helmuth (1994): Solidarischer Individualismus. Ein Gedankenspiel. In: *Ästhetik und Kommunikation,* Jg. 23, H. 85/86, S. 37–44.

Berking, Helmuth/Neckel, Sighard (1990): Die Politik der Lebensstile in einem Berliner Bezirk. Zu einigen Formen nachtraditionaler Vergemeinschaftung. In: Peter A. Berger/Stefan Hradil (Hrsg.): *Lebenslagen, Lebensläufe, Lebensstile.* (Soziale Welt, Sonderband 7) Göttingen: Schwartz, S. 481–500.

Bourdieu, Pierre (1979 [1988]): *Die feinen Unterschiede. Kritik der gesellschaftlichen Urteilskraft.* Frankfurt am Main: Suhrkamp.

Brock, Ditmar (1991): *Der schwierige Weg in die Moderne. Umwälzungen in der Lebensführung der deutschen Arbeiter zwischen 1850 und 1980.* Frankfurt/New York: Campus.

Brock, Ditmar (1997): Wirtschaft und Staat im Zeitalter der Globalisierung. Von nationalen Volkswirtschaften zur globalisierten Weltwirtschaft. In: *Aus Politik und Zeitgeschichte,* B 33–34, S. 12–19.

Brock, Ditmar (2001): Soziale Ungleichheiten, Klassen und Schichten. In: Bernhard Schäfers/Wolfgang Zapf (Hrsg.): *Handwörterbuch zur Gesellschaft Deutschlands.* Bonn: Bundeszentrale für politische Bildung, S. 628–642.

Burckhardt, Jacob (1855 [1976]): *Die Kultur der Renaissance in Italien. Ein Versuch.* Stuttgart: Kröner.

Burkart, Günter/Kohli, Martin (1992): *Liebe, Ehe, Elternschaft. Die Zukunft der Familie.* München; Zürich: Piper.

Comte, Auguste (1830–42 [1974]): *Die Soziologie. Die positive Philosophie im Auszug.* Herausgegeben von Friedrich Blaschke (2. Auflage mit einer Einleitung von Jürgen von Kempski). Stuttgart: Kröner.

Dahrendorf, Ralf (1979): *Lebenschancen. Anläufe zur sozialen und politischen Theorie.* Frankfurt am Main: Suhrkamp.

Deutsche Shell (Hrsg.) (2000): *Jugend 2000.* 2 Bde. Opladen: Leske + Budrich.

Durkheim, Emile (1893 [1988]): *Über soziale Arbeitsteilung. Studie über die Organisation höherer Gesellschaften.* Frankfurt am Main: Suhrkamp.

Durkheim, Emile (1897 [1987]): *Der Selbstmord.* Frankfurt am Main: Suhrkamp.

Durkheim, Emile (1898 [1986]): Der Individualismus und die Intellektuellen. In: Hans Bertram (Hrsg.): *Gesellschaftlicher Zwang und moralische Autonomie.* Frankfurt am Main: Suhrkamp, S. 54–70.

Dülmen, Richard van (1997): *Die Entdeckung des Individuums. 1500–1800.* Frankfurt am Main: Fischer.

Ebers, Nicola (1995): *»Individualisierung«. Georg Simmel – Norbert Elias – Ulrich Beck.* Würzburg: Königshausen & Neumann.

Elias, Norbert (1936 [1976]): *Über den Prozess der Zivilisation. Soziogenetische und psychogenetische Untersuchungen.* 2 Bde. Frankfurt am Main: Suhrkamp.

Endruweit, Günter (2000): *Milieu und Lebensstilgruppe – Nachfolger des Schichtkonzepts?* München/Mering: Rainer Hampp.

Etzioni, Amitai (1997): *Die Verantwortungsgesellschaft. Individualismus und Moral in der heutigen Demokratie.* Frankfurt/New York: Campus.

Fabio, Udo di (1991): *Offener Diskurs und geschlossene Systeme. Das Verhältnis von Individuum und Gesellschaft in argumenta-*

tions- und systemtheoretischer Perspektive. Berlin: Duncker & Humblot.

Geiger, Theodor (1949): *Die Klassengesellschaft im Schmelztiegel*. Köln: Kiepenheuer.

Geißler, Rainer (1992): *Die Sozialstruktur Deutschlands. Ein Studienbuch zur sozialstrukturellen Entwicklung im geteilten und vereinten Deutschland*. Opladen: Westdeutscher Verlag.

Geißler, Rainer (1996): Kein Abschied von Klassen und Schicht. Ideologische Gefahren der deutschen Sozialstrukturanalyse. In: *Kölner Zeitschrift für Soziologie und Sozialpsychologie*, Jg. 48, H. 2, S. 319–338.

Geißler, Rainer (2001): Sozialstruktur und gesellschaftlicher Wandel. In: Karl-Rudolf Korte/Werner Weidenfeld (Hrsg.): *Deutschland-TrendBuch. Fakten und Orientierungen*. Opladen: Leske + Budrich, S. 97–135.

Giddens, Anthony (1984): *Die Klassenstruktur fortgeschrittener Gesellschaften*. Frankfurt am Main: Suhrkamp.

Giddens, Anthony (1991): *Modernity and Self-identity. Self and Society in the Late Modern Age*. Cambridge: Polity Press.

Giddens, Anthony (1997): *Jenseits von Rechts und Links. Die Zukunft radikaler Demokratie*. Frankfurt am Main: Suhrkamp.

Giddens, Anthony (1999): *Der dritte Weg. Die Erneuerung der sozialen Demokratie*. Frankfurt am Main: Suhrkamp.

Giddens, Anthony (2000 [2001]): *Die Frage der sozialen Ungleichheit*. Frankfurt am Main: Suhrkamp.

Glaab, Manuela/Kießling, Manfred (2001): Legitimation und Partizipation. In: Karl-Rudolf Korte/Werner Weidenfeld (Hrsg.): *Deutschland-TrendBuch. Fakten und Orientierungen*. Opladen: Leske + Budrich, S. 571–611.

Gross, Peter (1994): *Die Multioptionsgesellschaft*. Frankfurt am Main: Suhrkamp.

Hahn, Alois (1988): Biographie und Lebenslauf. In: Hanns-Georg Brose/Bruno Hildenbrand (Hrsg.): *Vom Ende des Individuums zur Individualität ohne Ende.* Opladen: Leske + Budrich, S. 91–105.

Hitzler, Ronald/Honer, Anne (1994): Bastelexistenz. Über subjektive Konsequenzen der Individualisierung. In: Ulrich Beck/Elisabeth Beck-Gernsheim (Hrsg.): *Riskante Freiheiten. Individualisierung in modernen Gesellschaften.* Frankfurt am Main: Suhrkamp, S. 307–315.

Hitzler, Ronald/Koenen, Elmar (1994): Kehren die Individuen zurück? Zwei divergente Antworten auf eine institutionentheoretische Frage. In: Ulrich Beck/Elisabeth Beck-Gernsheim (Hrsg.): *Riskante Freiheiten. Individualisierung in modernen Gesellschaften.* Frankfurt am Main: Suhrkamp, S. 447–465.

Hitzler, Ronald/Pfadenhauer, Martina (1999): »We are one different family«. Techno als Exempel der ›anderen‹ Politik. In: Ulrich Beck/Maarten A. Hajer/Sven Kesselring (Hrsg.): *Der unscharfe Ort der Politik. Empirische Fallstudien zur Theorie der reflexiven Moderne.* Opladen: Leske + Budrich, S. 45–61.

Hondrich, Karl Otto (1997): Die Dialektik von Kollektivierung und Individualisierung – am Beispiel der Paarbeziehung. In: Stefan Hradil (Hrsg.): *Differenz und Integration. Die Zukunft moderner Gesellschaften.* Verhandlungen des 28. Kongresses der Deutschen Gesellschaft für Soziologie in Dresden 1996. Frankfurt/New York: Campus, S. 298–308.

Höhn, Charlotte/Dorbritz, Jürgen (1995): Zwischen Individualisierung und Institutionalisierung – Familiendemographische Trends im vereinten Deutschland. In: Bernhard Nauck/Corinna Onnen-Isemann (Hrsg.): *Familie im Brennpunkt von Wissenschaft und Forschung. Rosemarie Nave-Herz zum 60. Geburtstag gewidmet.* Berlin/Kriftel: Luchterhand, S. 149–174.

Hradil, Stefan (1990): Postmoderne Sozialstruktur? Zur empirischen Relevanz einer modernen Theorie sozialen Wandels. In: Peter A. Berger/ders. (Hrsg.): *Lebenslagen, Lebensläufe, Lebensstile.* (Soziale Welt, Sonderband 7) Göttingen: Schwartz, S. 125–150.

Hradil, Stefan (1999): *Soziale Ungleichheiten in Deutschland.* Opladen: Leske + Budrich, 7. Auflage.

Huinink, Johannes/Wagner, Michael (1998): Individualisierung und die Pluralisierung von Lebensformen. In: Jürgen Friedrichs (Hrsg.): *Die Individualisierungsthese.* Opladen: Leske + Budrich, S. 85–106.

Imhof, Arthur E. (1988): *Von der unsicheren zur sicheren Lebenszeit. Fünf historisch-demographische Studien.* Darmstadt: Wissenschaftliche Buchgesellschaft.

Inglehart, Ronald (1977 [1989]): *Kultureller Umbruch. Wertewandel in der westlichen Welt.* Frankfurt/Main; New York: Campus.

Jesse, Eckhard (1987): Die Bundestagswahlen von 1972 bis 1987 im Spiegel der repräsentativen Wahlstatistik. In: *Zeitschrift für Parlamentsfragen*, H. 2, S. 232–242.

Joas, Hans (1995): Der Kommunitarismus – eine neue »progressive Bewegung«? In: *Forschungsjournal Neue Soziale Bewegungen*, Jg. 8, H. 2, S. 29–38.

Junge, Matthias (1996): Individualisierungsprozesse und der Wandel von Institutionen – Ein Beitrag zur Theorie reflexiver Modernisierung. In: *Kölner Zeitschrift für Soziologie und Sozialpsychologie*, Jg. 48, H. 4, S. 729–748.

Junge, Matthias (1998): Die kommunitaristische Herausforderung der Moralsoziologie. Was kann eine empirische Moralsoziologie von der kommunitaristischen Moraltheorie lernen? In: Günther Lüschen (Hrsg.): *Das Moralische in der Soziologie.* Opladen: Westdeutscher Verlag, S. 93–106.

Junge, Matthias (2000): *Ambivalente Gesellschaftlichkeit. Die Modernisierung der Vergesellschaftung und die Ordnungen der Ambivalenzbewältigung.* Opladen: Leske + Budrich.

Keupp, Heiner (2000): *Eine Gesellschaft der Ichlinge? Zum bürgerschaftlichen Engagement von Heranwachsenden.* München: Sozialpädagogisches Institut im SOS-Kinderdorf e.V.

Kippele, Flavia (1998): *Was heißt Individualisierung? Die Antwor-*

ten soziologischer Klassiker. Opladen: Westdeutscher Verlag.

Klages, Helmut (1984): *Wertorientierungen im Wandel. Rückblick, Gegenwartsanalyse, Prognose.* Frankfurt/New York: Campus.

Klages, Helmut (2001a): Brauchen wir eine Rückkehr zu traditionellen Werten? In: *Aus Politik und Zeitgeschichte,* B 29, S. 7–14.

Klages, Helmut (2001b): Engagementpotenziale in Deutschland. In: Bundesministerium für Familie, Senioren, Frauen und Jugend (Hrsg.): *Freiwilliges Engagement in Deutschland. Ergebnisse der Repräsentativerhebung zu Ehrenamt, Freiwilligenarbeit und bürgerschaftlichem Engagement.* Band 1: *Gesamtbericht.* Stuttgart/Berlin/Köln: Kohlhammer, S. 198–209.

Klages, Helmut (2001c): Werte und Wertewandel. In: Bernhard Schäfers/Wolfgang Zapf (Hrsg.): *Handwörterbuch zur Gesellschaft Deutschlands.* Opladen: Leske + Budrich, S. 726–738.

Klein, Markus/Pötschke, Manuela (2000): Gibt es einen Wertewandel hin zum »reinen« Postmaterialismus? Eine Zeitreihenanalyse der Wertorientierungen der westdeutschen Bevölkerung zwischen 1970 und 1997. In: *Zeitschrift für Soziologie,* Jg. 29, H. 3, S. 202–216.

Kohli, Martin (1985): Die Institutionalisierung des Lebenslaufs. Historische Befunde und theoretische Argumente. In: *Kölner Zeitschrift für Soziologie und Sozialpsychologie,* Jg. 37, H. 1, S. 1–29.

Kohli, Martin (1986): Gesellschaftszeit und Lebenszeit. Der Lebenslauf im Strukturwandel der Moderne. In: Johannes Berger (Hrsg.): *Die Moderne - Kontinuitäten und Zäsuren* (Soziale Welt, Sonderband 4). Göttingen: Schwartz, S. 183–208.

Kohli, Martin (1994): Institutionalisierung und Individualisierung der Erwerbsbiographie. In: Ulrich Beck/Elisabeth Beck-Gernsheim (Hrsg.): *Riskante Freiheiten. Individualisierung in modernen Gesellschaften.* Frankfurt am Main: Suhrkamp, S. 219–244.

Kraft, Susanne (1992): »Modernisierung« und »Individualisierung«. Eine kritische Analyse ihrer Bestimmungen. (Diss. Phil. Fak. II Universität Regensburg) Regensburg: Eigenverlag.

Kreckel, Reinhard (1992): Politische Soziologie der sozialen Ungleichheit. Frankfurt/New York: Campus.

Lau, Christoph (1988): Gesellschaftliche Individualisierung und Wertwandel. In: Heinz Otto Luthe/Heiner Meulemann (Hrsg.): Wertwandel – Faktum oder Fiktion? Bestandsaufnahmen und Diagnosen aus kultursoziologischer Sicht. Frankfurt/New York: Campus, S. 217–234.

Lockwood, David (1964 [1979]): Soziale Integration und Systemintegration. In: Wolfgang Zapf (Hrsg.): Theorien des sozialen Wandels, 2. Aufl. Königstein/Ts.: Verlagsgruppe Athenäum, Hain, Scriptor, Hanstein, S. 124–137.

Luhmann, Niklas (1993): Individuum, Individualität, Individualismus. In: ders. (Hrsg.): Gesellschaftsstruktur und Semantik. Studien zur Wissenssoziologie der modernen Gesellschaft. Bd.3. Frankfurt am Main: Suhrkamp, S. 149–258.

Luhmann, Niklas (2000): Die Politik der Gesellschaft. (Herausgegeben von André Kieserling) Frankfurt am Main: Suhrkamp.

Mannheim, Karl (1925 [1964]): Das Problem einer Soziologie des Wissens. In: Kurt H. Wolff (Hrsg.): Karl Mannheim. Wissenssoziologie. Auswahl aus dem Werk. Neuwied: Luchterhand, S. 308–387.

Marx, Karl (1852 [1977]): Der achtzehnte Brumaire des Louis Bonaparte. In: Iring Fetscher (Hrsg.): Karl Marx. Friedrich Engels. Studienausgabe in 4 Bänden. Band: IV. Frankfurt am Main: Fischer, S. 34–121.

Mayer, Karl Ulrich (1991): Soziale Ungleichheit und die Differenzierung von Lebensverläufen. In: Wolfgang Zapf (Hrsg.): Die Modernisierung moderner Gesellschaften. Verhandlungen des 25. Deutschen Soziologentages in Frankfurt am Main 1990. Frankfurt/New York: Campus, S. 667–687.

Mayer, Karl Ulrich (2001): Lebensverlauf. In: Bernhard Schäfers/

Wolfgang Zapf (Hrsg.): *Handwörterbuch zur Gesellschaft Deutschlands*. Bonn: Bundeszentrale für politische Bildung, S. 446–460.

Mayer, Karl Ulrich/Müller, Walter (1989): Lebensverläufe im Wohlfahrtsstaat. In: Ansgar Weymann (Hrsg.): *Handlungsspielräume. Untersuchungen zur Individualisierung und Institutionalisierung von Lebensläufen in der Moderne*. Stuttgart: Enke, S. 41–60.

Meyer, Thomas (1994): *Die Transformation des Politischen*. Frankfurt am Main: Suhrkamp.

Miegel, Meinhard/Wahl, Stefanie (1994): *Das Ende des Individualismus. Die Kultur des Westens zerstört sich selber*. Stuttgart: Bonn Aktuell.

Mooser, Josef (1983): Auflösung proletarischer Milieus. Klassenbildung und Individualisierung in der Arbeiterschaft vom Kaiserreich bis in die Bundesrepublik Deutschland. In: *Soziale Welt*, Jg. 34, H. 3, S. 270–306.

Mooser, Josef (1984): *Arbeiterleben in Deutschland 1900–1970. Klassenlage, Kultur und Politik*. Frankfurt am Main: Suhrkamp.

Müller-Schneider, Thomas (2001): Stabilität subjektzentrierter Strukturen. Das Lebensstilmodell von Schulze im Zeitvergleich. In: *Zeitschrift für Soziologie*, Jg. 29, H. 5, S. 361–374.

Nave-Herz, Rosemarie (2001): Familie und Verwandtschaft. In: Bernhard Schäfers/Wolfgang Zapf (Hrsg.): *Handwörterbuch zur Gesellschaft Deutschlands*. Bonn: Bundeszentrale für politische Bildung, S. 207–216.

Nowak, Horst/Becker, Ulrich (1985): »Es kommt der neue Konsument«. In: *Form. Zeitschrift für Gestaltung*, Nr. 111, S. 13–17.

Nunner-Winkler, Gertrud (1985): Identität und Individualität. In: *Soziale Welt*, Jg. 36, H. 4, S. 466–482.

Poferl, Angelika (1999): Das Politische des Alltags. Das Beispiel »Umweltbewusstsein«. In: Ulrich Beck/Maarten A. Hajer/Sven Kesselring (Hrsg.): *Der unscharfe Ort der Politik. Empirische*

Fallstudien zur Theorie der reflexiven Modernisierung. Opladen: Leske + Budrich, S. 23–44.

Putnam, Robert D. (1995): Bowling alone: America's declining Social Capital. In: *Journal of Democracy,* Vol. 6, S. 65–78.

Rammstedt, Otthein (1985): Zweifel am Fortschritt und Hoffen aufs Individuum. Zur Konstitution der modernen Soziologie im ausgehenden 19. Jahrhundert. In: *Soziale Welt,* Jg. 36, H. 4, S. 483–502.

Reese-Schäfer, Walter (2001): *Kommunitarismus.* Frankfurt/New York: Campus.

Rosenbladt, Bernhard von (2001): Der Freiwilligensurvey 1999: Konzeption und Ergebnisse der Untersuchung. In: Bundesministerium für Familie, Senioren, Frauen und Jugend (Hrsg.): *Freiwilliges Engagement in Deutschland. Ergebnisse der Repräsentativerhebung zu Ehrenamt, Freiwilligenarbeit und bürgerschaftlichem Engagement. Band 1: Gesamtbericht.* Stuttgart; Berlin; Köln: Kohlhammer, S. 31–134.

Schelsky, Helmut (1953 [1965]): Die Bedeutung des Schichtungsbegriffes für die Analyse der gegenwärtigen deutschen Gesellschaft. In: ders. (Hrsg.): *Auf der Suche nach Wirklichkeit. Gesammelte Aufsätze zur Soziologie der Bundesrepublik.* Düsseldorf; Köln: Diederichs, S. 331–336.

Schelsky, Helmut (1979): *Auf der Suche nach Wirklichkeit. Gesammelte Aufsätze zur Soziologie der Bundesrepublik.* Düsseldorf; Köln.

Schimank, Uwe (1985): Funktionale Differenzierung und reflexiver Subjektivismus. Zum Entsprechungsverhältnis von Gesellschafts- und Identitätsform. In: *Soziale Welt,* Jg. 36, H. 4, S. 447–465.

Schroer, Markus (2001): *Das Individuum der Gesellschaft. Synchrone und diachrone Theorieperspektiven.* Frankfurt am Main: Suhrkamp.

Schulze, Gerhard (1992): *Die Erlebnisgesellschaft. Kultursoziologie der Gegenwart.* Frankfurt/New York: Campus.

Simmel, Georg (1890 [1989]): Über sociale Differenzierung. Sociologische und psychologische Untersuchungen. In: Heinz-Jürgen Dahme (Hrsg.): *Georg Simmel. Aufsätze 1887 bis 1890.* (Gesamtausgabe Bd. 2) Frankfurt am Main: Suhrkamp, S. 109–295.

Simmel, Georg (1900 [1989]): *Philosophie des Geldes.* Frankfurt am Main: Suhrkamp.

Simmel, Georg (1913 [1987]): Das individuelle Gesetz. Philosophische Exkurse. In: Michael Landmann (Hrsg.): *Das individuelle Gesetz. Philosophische Exkurse.* (Neuausgabe mit einem Nachwort von Klaus Christian Köhnke) Frankfurt am Main: Suhrkamp, S. 174–230.

Smith, Adam (1759 [1976]): *Theory of moral sentiments.* Oxford: Oxford University Press.

Soeffner, Hans-Georg (1988): Luther – Der Weg von der Kollektivität des Glaubens zu einem lutherisch-protestantischen Individualismus. In: Hanns-Georg Brose/Bruno Hildenbrand (Hrsg.): *Vom Ende des Individuums zur Individualität ohne Ende.* Opladen: Leske + Budrich, S. 107–149.

Strasser, Hermann/Dederichs, Andrea Maria (2000): Die Restrukturierung der Klassengesellschaft: Elemente einer zeitgenössischen Ungleichheitstheorie. In: *Berliner Journal für Soziologie,* Jg. 10, H. 1, S. 79–98.

Taylor, Charles (1993): Die Politik der Anerkennung. In: Amy Gutmann (Hrsg.): *Multikulturalismus und die Politik der Anerkennung.* Frankfurt am Main: S. Fischer, S. 13–78.

Tocqueville de, Alexis (1835 [1990]): *Über die Demokratie in Amerika.* (Ausgewählt und herausgegeben von J.P. Mayer) Stuttgart: Reclam.

Vorländer, Hans (2001): Dritter Weg und Kommunitarismus. In: *Aus Politik und Zeitgeschichte,* B 16–17/2001, S. 16–23.

Voß, Günter G./Pongratz, Hans J. (1998): Der Arbeitskraftunternehmer. Eine neue Grundform der Ware Arbeitskraft? In: *Kölner Zeitschrift für Soziologie und Sozialpsychologie,* Jg. 50. H. 1, S. 131–158.

Weber, Max (1922 [1985]): *Wirtschaft und Gesellschaft. Grundriss der verstehenden Soziologie.* (Besorgt von Johannes Winckelmann) Tübingen: Mohr.

Weber, Max (1920 [1988]): *Gesammelte Aufsätze zur Religionssoziologie.* 3 Bde. (hg. von Johannes Winckelmann). Tübingen: Mohr.

Weymann, Ansgar (1989): Handlungsspielräume im Lebenslauf. Ein Essay zur Einführung. In: ders. (Hrsg.): *Handlungsspielräume. Untersuchungen zur Individualisierung und Institutionalisierung von Lebensläufen in der Moderne.* Stuttgart: Enke, S. 1–39.

Wiesendahl, Elmar (1990): Der Marsch aus den Institutionen. Zur Organisationsschwäche politischer Parteien in den achtziger Jahren. In: *Aus Politik und Zeitgeschichte*, B 21/1990, S. 3–14.

Wiesendahl, Elmar (2001): Keine Lust mehr auf Parteien. Zur Abwendung Jugendlicher von den Parteien. In: *Aus Politik und Zeitgeschichte*, B 10/2001, S. 7–19.

Wiesenthal, Helmut (2001): Interessenorganisation. In: Bernhard Schäfers/Wolfgang Zapf (Hrsg.): *Handwörterbuch zur Gesellschaft Deutschlands.* Bonn: Bundeszentrale für politische Bildung, S. 335–349.

Wright, Erik Olin (1985): *Classes.* London: Verso.

Kurzbiographien

Ulrich Beck wurde 1944 geboren. Er promovierte 1972 und war ab 1973 Mitarbeiter im DFG-Sonderforschungsbereich »Theoretische Grundlagen sozialwissenschaftlicher Berufs- und Arbeitskräfteforschung«. Nach Professuren für Soziologie in Münster und Bamberg ist er heute Professor an der Universität München. Darüber hinaus hat er einen Lehrstuhl an der London School of Economics. Seit der Veröffentlichung der »Risikogesellschaft« 1986 hat er, vor allem mit den Begriffen Individualisierung und Risikogesellschaft, großen Einfluss auf die öffentliche Debatte gesellschaftlicher Zusammenhänge ausgeübt.

Emile Durkheim wurde 1858 in Epinal (Lothringen) geboren und verstarb 1917 in Paris. Durkheim ist der Begründer der französischen Tradition der Soziologie und im vorliegenden Kontext vor allem durch seine Arbeiten zum Zusammenhang von Arbeitsteilung und Solidarität (Über soziale Arbeitsteilung, 1893) und durch seine Studie zur sozialen Bedeutung von Anomie (Der Selbstmord, 1897) bedeutsam.

Anthony Giddens wurde 1938 in London geboren. Im Anschluss an sein Studium der Soziologie, unter anderem an der renommierten London School of Economics, wo er auch promovierte, unterrichtete er von 1961 bis 1969 an der Universität Lancaster, bevor er

1969 als Dozent an die Universität von Cambridge und als Fellow an das dortige King's College ging. Seit 1985 ist er dort Professor und zugleich Lehrstuhlinhaber an der University von Santa Barbara, Kalifornien. Giddens ist einer der vieldiskutiertesten Soziologen der Gegenwart. Besonders seine nach »Die Konstitution der Gesellschaft« von 1984 erschienenen Werke widmen sich den Konsequenzen von reflexiven Modernisierungsprozessen und Individualisierung vor allem für die Zukunft des Politischen.

Peter Gross, geboren 1941, studierte Soziologie, Nationalökonomie und Betriebswirtschaftslehre an den Universitäten Zürich und Bern. 1979 habilitierte er sich und wurde Privatdozent an der Universität Konstanz. Von 1980 bis 1989 war er Professor für Soziologie und Sozialstruktur im internationalen Vergleich an der Universität Bamberg. Seit 1989 ist er Ordinarius für Soziologie an der Universität St. Gallen. Seine letzten Arbeiten beziehen sich vor allem auf Konsequenzen des voranschreitenden Individualisierungsprozesses und münden in die Frage, ob die Gesellschaft sich in eine *Multioptionsgesellschaft* (1994) transformiert.

Ronald Hitzler wurde 1950 geboren und ist nach Assistententätigkeiten an der Universität München und an der Universität Bamberg Professor für Allgemeine Soziologie an der Universität Dortmund. Seine Arbeiten wenden sich früh der interpretativen Soziologie zu und versuchen auf wissenssoziologischer Grundlage gesellschaftliche Entwicklungen zu rekonstruieren. Sein gegenwärtiges Interesse richtet sich insbesondere auf die Transformation des Politischen und die Entwicklung eines umfassenden Begriffs des politischen Handelns.

Martin Kohli wurde 1942 in der Schweiz geboren und studierte dort Soziologie. Er habilitierte 1977 an der Universität Konstanz und wurde im gleichen Jahr zum Professor für Soziologie an der Freien Universität Berlin berufen. Seine Hauptarbeit ist seitdem dem Versuch gewidmet, eine Soziologie des Lebenslaufs aus einer interpretativen Perspektive zu entwickeln. In diesem Zusammenhang sind vor allem seine Arbeiten zur Soziologie des Alters und seine grundlegenden Arbeiten zur Institutionalisierung und Individualisierung des Lebenslaufs hervorzuheben.

Karl Marx wurde 1818 in Trier geboren und verstarb 1883 in London. Er gilt gemeinsam mit Friedrich Engels als Begründer des Marxismus und entfaltete in diesem Zusammenhang die Idee der geschichtlichen Entwicklung durch Klassenkonflikte (*Das kommunistische Manifest*, 1848). Sie resultieren aus der ungleichen Verfügung über die Produktionsmittel im Rahmen bestehender Produktionsverhältnisse. Die Klassentheorie ist einer der Ausgangspunkte zur Beschreibung der Ungleichheitsstrukturen moderner Gesellschaften.

Uwe Schimank, geboren 1955 in Bielefeld und Studium der Soziologie dortselbst. Er war von 1985 bis 1996 wissenschaftlicher Mitarbeiter am Kölner Max-Planck-Institut für Gesellschaftsforschung. Seit 1996 ist er Professor für Soziologie an der Fernuniversität Gesamthochschule Hagen. Seine Hauptarbeitsgebiete sind die Differenzierungstheorien und die Rekonstruktion des Zusammenhangs von Handeln und Strukturen aus einer akteurstheoretischen Perspektive unter Einbeziehung systemtheoretischer Gesichtspunkte. Im Kontext der Individualisierungsdiskussion sind vor allem seine Arbeiten zum Thema Identität unter den Bedingungen einer differenzierten Gesellschaft von Interesse.

Gerhard Schulze, geboren 1944, studierte Soziologie, Volkswirtschaftslehre, Sozialpsychologie, Sozialpolitik und Öffentliches Recht an der Universität München und Erlangen/Nürnberg. Heute ist er Professor für Methoden der Empirischen Sozialforschung an der Universität Bamberg. Die 1992 erschienene *Erlebnisgesellschaft* ist eine durch umfangreiches empirisches Material belegte kultursoziologische Studie der Bundesrepublik Deutschland. Das Werk wird vor allem im Rahmen der Debatte über Lebensstile und soziale Milieus in der soziologischen Ungleichheitsforschung verwendet und in kultursoziologischen Analysen diskutiert.

Georg Simmel wurde 1858 in Berlin geboren und verstarb 1918 in Straßburg. Sein Hauptarbeitsgebiet war die Etablierung und Entwicklung einer Soziologie als der Analyse der Wechselwirkungen zwischen Individuen (Soziologie, Untersuchungen über die Formen der Gesellschaft, 1908). Seine Bedeutung im vorliegenden Zusammenhang gründet sich auf zwei Arbeiten. Zu nennen ist zuerst seine Analyse der Wirkungen der Geldwirtschaft auf Stil und Form des modernen Lebens und damit auch auf die Form der modernen Individualität (*Philosophie des Geldes*, 1900). Zudem ist zweitens seine Arbeit zur sozialen Differenzierung (*Über sociale Differencierung*, 1890) zu erwähnen, in der Individualität als Resultat sozialer Differenzierungsprozesse rekonstruiert wird.

Max Weber wurde 1865 in Erfurt geboren und verstarb 1920 in München. Er gilt gemeinsam mit Georg Simmel und Ferdinand Tönnies als eine der Gründerfiguren der deutschen Soziologie. Er ist im vorliegenden Kontext vor allem durch seine Ausführungen zur Differenz von Stand und Klasse (*Wirtschaft und Gesellschaft*, 1922), zur Entstehung funktional ausdifferenzierter Bereiche mit jeweils eigenständigen Werten, den sogenannten Wertsphären (Schriften zur Religionssoziologie, 1920) und durch seine Überlegungen zur Konzeption politischen Handelns bedeutsam (Politik als Beruf, 1919).

Glossar

Autonomie Bedeutet im Griechischen Selbstständigkeit, Unabhängigkeit. Damit wird die Selbstbestimmung im Denken und Handeln bezeichnet und darauf verwiesen, dass das Handeln nicht durch äußere Zwänge beeinflusst ist.

Identität Bezeichnet die Sich-Selbst-Gleichheit eines Individuums im Zeitverlauf. Sie ist das Wissen einer Person, dass sie trotz aller Veränderungen im Zeitverlauf dieselbe bleibt.

Individualismus Ausdruck eines Kulturwertes, in dem die Hochschätzung des Individuums zum Ausdruck kommt. Auf den Individualismus beruft sich, wer die Wertschätzung für die Freiheit und Autonomie des Individuums zum Ausdruck bringen will. Dabei kann die kulturelle Ausprägung des Individualismus sowohl eine utilitaristische Orientierung an der Maximierung eigenen Nutzens wie auch eine Orientierung am Gemeinwohl sein.

Individuum Bedeutet im Lateinischen das Unteilbare. Es ist eine letzte Einheit im sozialen Gefüge, die nicht weiter unterteilt werden kann. Dadurch kann die als Individuum ansprechbare Einzelperson zu einer eindeutig bestimmbaren Adresse in Kommunikationsprozessen werden.

Klassenlage Für Marx und Weber ist die Klassenlage von ökonomischen Interessen bestimmt. Sie ergibt sich aus der Chance auf dem freien Markt und ist deshalb »Marktlage« und gebunden an die rationale Kalkulation von (Verwertungs-)Interessen.

Lebensführung, private Mit ihr bezeichnet man vor allem die Wahl einer Lebensform. Sie ist Ausdruck der Persönlichkeit und im Laufe der gesellschaftlichen Entwicklung immer mehr eine freie individuelle Entscheidung geworden.

Lebenslauf Die Institution des Lebenslaufs ermöglicht die Orientierung in der zeitlichen Ordnung des Lebens, weil sie die Abfolge von Lebensphasen als eine geordnete Sequenz von Ereignissen verstehbar werden lässt.

Lebensstil Lebensstile sind Regelmäßigkeiten kultureller Ausdrucks- und Verhaltensweisen der Menschen im Hinblick auf ihre Interaktion, ihr Wissen, ihre Meinungen und ihre Einstellungen.

Life politics Eine Form der Politik, die nach der Realisierung moralisch begründbarer Formen des Lebens strebt und Politik als Antwort auf die für die eigene Person bedeutsame ethische Problemstellung versteht.

Sozialintegration Der soziale Zusammenhang zwischen den Individuen, der über Affekte, Normen oder Konsens Bindungen zwischen Individuen herstellt und einer der Quellen einer solidarischen Handlungsorientierung ist.

Stand Bezeichnet eine durch Gemeinsamkeiten der Lebensführung, der Herkunft oder der Bildung begründete gesellschaftliche Einheit, die auf der sozialen Wertschätzung der Gemeinsamkeiten beruht.

Subpolitik In den Vordergrund der Politik rücken stärker soziale Bewegungen, Bürgerinitiativen, lokale Interessenorganisationen und einzelne Bürger. Der Staat gilt im Verständnis der Subpolitik nur noch als einer neben anderen politischen Akteuren und damit auch staatliches Handeln nur noch als eine neben anderen Formen politischen Handelns.

Reihe Campus Einführungen

Gerhard Willke
John Maynard Keynes
2002. 184 Seiten
ISBN 3-593-37034-4

Manuela Lenzen
Intelligenz
2002. 163 Seiten
ISBN 3-593-37033-6

Peter Gäng
Buddhismus
2001. 268 Seiten
ISBN 3-593-37032-8

Gerne schicken wir Ihnen aktuelle Prospekte:
Campus Verlag · Kurfürstenstraße 49 · 60486 FfM
Tel. 069/97 65 16-0 · Fax - 78 · www.campus.de

campus
Frankfurt / New York

Reihe Campus Einführungen

Hans-Martin Lohmann
Marxismus
2001. 155 Seiten
ISBN 3-593-36777-7

Martin Suhr
Platon
2001. 186 Seiten
ISBN 3-593-36830-7

Herfried Münkler
Thomas Hobbes
2001. 180 Seiten
ISBN 3-593-36831-5

Gerne schicken wir Ihnen aktuelle Prospekte:
Campus Verlag · Kurfürstenstraße 49 · 60486 FfM
Tel. 069/97 65 16 -0 · Fax - 78 · www.campus.de

campus
Frankfurt / New York

Reihe Campus Einführungen

Jürgen August Alt
Karl R. Popper
2001. 168 Seiten
ISBN 3-593-36834-X

Walter Reese-Schäfer
Jürgen Habermas
2001. 196 Seiten
ISBN 3-593-36833-1

Walter Reese-Schäfer
Kommunitarismus
2001. 157 Seiten
ISBN 3-593-36832-3